ANARQUIA NA PASSARELA

DANIEL RODRIGUES

ANARQUIA NA PASSARELA

A INFLUÊNCIA DO MOVIMENTO PUNK NAS COLEÇÕES DE MODA

dublinense

2012

Preparação
Rodrigo Rosp

Capa
Samir Machado de Machado

Projeto gráfico e diagramação
Guilherme Smee

Fotos
Nilton Santolin

Revisão
Juliana Grünhauser e Rodrigo Rosp

Dados Internacionais de Catalogação na Publicação (CIP)

R696a Rodrigues, Daniel
Anarquia na passarela : a influência do movimento punk nas coleções de moda / Daniel Rodrigues. – Porto Alegre : Dublinense, 2012.
192 p. : 23 cm.

ISBN: 978-85-62757-65-5

1. Comportamento Social. 2. Música – Aspectos Sociais. 3. Moda. 4. Movimento Punk. I. Título

CDD 792.7

Catalogação na fonte: Ginamara Lima Jacques Pinto (CRB 10/1204)

Av. Augusto Meyer, 163/605
Higienópolis – Porto Alegre – RS

contato@dublinense.com.br

dublinense

"Eles vão nos ferrar de qualquer forma!"
Do filme *O Clube dos Cafajestes*

SUMÁRIO

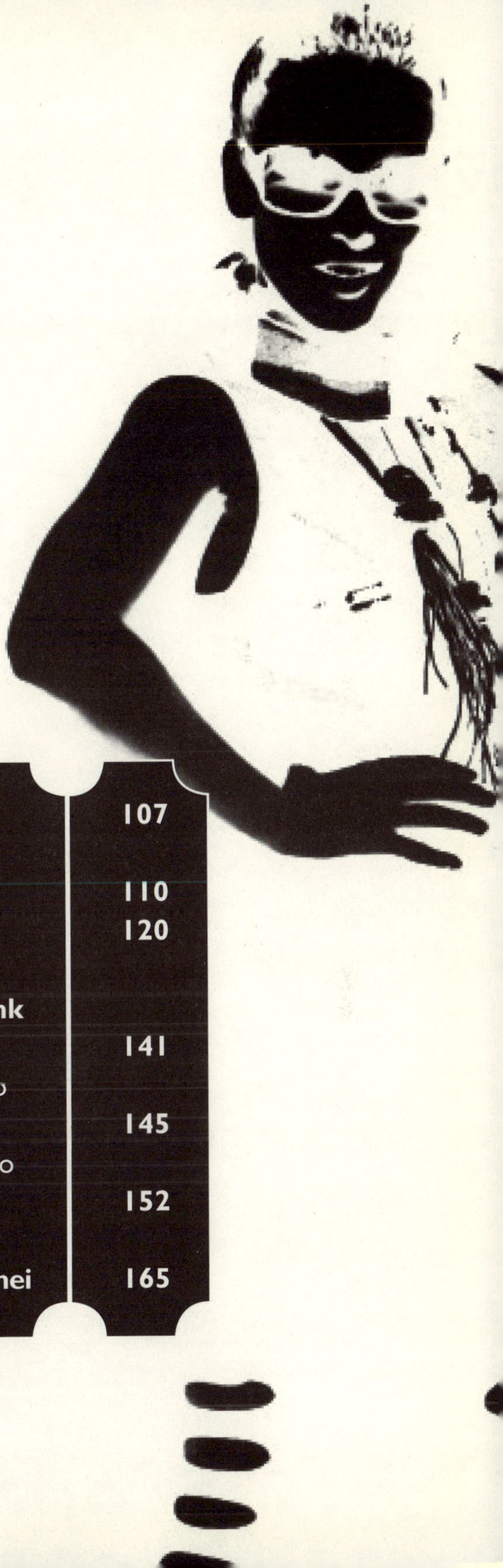

MEU PÔSTER DE ROCK FAVORITO

CARLOS GERBASE*

Olho para meu pôster de rock favorito, o único que resistiu à fome dos cupins e à revisão estética da pós-modernidade. Vejo quatro rapazes encostados numa parede de tijolos com uma janela basculante branca. Bem à esquerda, o fragmento de um cartaz amarelo com letras vermelhas. É possível ler as palavras *guards* e *security*. São quatro rapazes elegantes.

O primeiro (da esquerda para a direita) veste uma calça jeans tradicional, uma camisa preta de algodão com botões também pretos e uma capa cinza, comprida, com uma gola ampla. Tudo isso é fácil de descrever. Há, contudo, um componente estranho, que não consigo definir. À primeira vista, é uma espécie de suspensório de tiras largas, preto, que se confundiria totalmente com a

* Doutor em *comunicação social*, Carlos Gerbase é cineasta e ex-líder da banda punk Os Replicantes, a qual integrou entre 1983 e 2002. *Tolerância*, *Sal de prata*, *Verdes anos* e *3 efes* são alguns dos filmes que dirigiu. Realizou ainda diversos programas de teledramaturgia para a TV Globo e para a RBSTV. Leciona, desde 1981, nos cursos de *cinema* e *televisão* da PUC/RS.

camisa não fosse uma argola, bem no meio do peito, que parece servir de apoio para as tiras. Uma das tiras pende dessa argola e cai – livre, leve e solta – até abaixo da cintura. O rapaz segura com displicência um cigarro na mão direita.

O segundo tem uma capa parecida, cinza, com uma gola menor, que está levantada. Não vejo suas calças, encobertas pela capa. Mas vejo o que está por baixo da capa: uma camiseta preta e o que parece ser um cachecol com estampa que imita a pele de um leopardo, cobrindo quase toda a camiseta. O toque final: um colar, que até poderia chamar de discreto, formado por uma corrente e um cadeado. As mãos desse rapaz, bem juntas e à frente, como se estivessem algemadas, combinam com sua expressão de desprezo pelo mundo.

O terceiro é, com certeza, o mais fashion dos quatro. A calça jeans, preta, não tem nada demais, mas a camisa e o blazer... Bom, esse cara está longe de ser o *podre* que seu apelido anuncia. A camisa, impecavelmente branca, tem uma espetacular coluna de babados também brancos, transpassados por fitas de um possível lilás (as cores do meu pôster já desbotaram um pouco). O blazer, de um tecido que lembra lã, tem uma gola com detalhe em preto (a parte de trás, que envolve o pescoço). Duas pequenas correias de couro, uma no pulso direito, outra em volta do pescoço, completam o uniforme do dândi.

O último é o mais clássico, considerando o que se espera de um roqueiro: calça jeans desbotada e bem gasta na altura dos bolsos e uma jaqueta de couro ao estilo motoqueiro. A camisa, contudo, nada tem de motoqueiro: listras verticais finas azuis e pretas. Uma camiseta branca por baixo.

Os cabelos merecem um pequeno parágrafo à parte: estão limpos, recém-cortados e cuidadosamente penteados para cima, daquele jeito que só um secador manejado por um profissional do ramo consegue obter. O terceiro rapaz é a exceção. Seu cabelo, ruivo (os dos outros são castanhos, pretos e loiros), ostenta um topete que os mais maldosos poderiam acusar de ser quase um *pega rapaz*.

Tudo isso está no pôster, que não contém qualquer indicação do nome da banda, muito menos dos nomes de seus integrantes. O fabricante deve ter pensado: se o comprador não reconhecer esses rapazes e não souber o nome da banda, jamais comprará o pôster. Mas qualquer pessoa que tenha acompanhando o rock nas últimas décadas sabe que ali, encostados naquela parede, estão Steve Jones, Sid Vicious, Johnny Rotten e Paul Cook – o Sex Pistols. A banda seminal do punk rock deste velho planeta. Os caras que, em menos de dois anos de uma conturbada carreira, viraram tudo pelo avesso. No pôster, eles estão bem distantes do estereótipo da estética punk criada pela mídia. No pôster, eles vestem o que é mais adequado para uma foto de uma banda de rock bacana. Duvido que aquelas roupas fossem deles.

Não sei se esses figurinos foram pessoalmente escolhidos por Vivienne Westwood e receberam a aprovação de Malcolm McLaren, mas eu apostaria meu *Never mind the bolloks* (vinil, edição brasileira original, de 1978) num duplo sim. O Sex Pistols esteve, durante quase toda a sua carreira, sob a influência explícita de uma figurinista radicalmente talentosa e do dono de uma loja de roupas. É preciso dizer mais? Talvez só que os próprios Pistols contam que se divertiam experimentando os modelos malucos de Westwood e se conheceram na loja de McLaren, que frequentavam por não ter nada melhor para fazer. Mas isso o Daniel Rodrigues já vai contar com muito mais detalhes. Ele ainda explica como aquela brincadeira que reunia música revolucionariamente primitiva, atitude quase criminal e roupas extravagantes sacudiu o mundo inteiro. E o mundo da moda nunca mais foi o mesmo.

Duvido que o meu pôster de banda de rock favorito deixe, algum dia, de ser meu favorito. E tem mais: como toda moda realmente importante e significativa, nunca sairá da moda. Quem viver para dançar o último pogo verá.

O início do fim do mundo

A noção de que se estará, nas páginas subsequentes, mexendo em um vespeiro é perfeitamente consciente. Sempre que se refere ao que o punk introduziu na moda há desconversas. Uma esquiva do tipo "esse assunto fica para depois", "demos uma pincelada geral" ou "que seja para outro mais *qualificado* discorrer" é percebida. Maria Cláudia Bonadio, integrante do Núcleo Interdisciplinar de Estudos da Moda (Nidem) da Universidade Paulista (Unip), confirma essa triste verificação quando diz em um artigo que o sistema do universo da moda de muito já abarca elementos do punk, mas que não era hora de se ater àquele detalhe. A observação aparece apenas numa derradeira nota de rodapé, sendo que, se tivesse sido mais desenvolvida, elucidaria e qualificaria consideravelmente o artigo em questão. Maria Cláudia, no entanto, acerta ao garantir que hoje os elementos da estética determinada por um movimento proveniente do gueto como o punk "já foram completamente absorvidas pela moda".

A relutância de não ser comparado nem vinculado aos termos da moda dentro do círculo dos punks e simpatizantes do grupo não é novidade. A radicalidade de sua ideologia anarquista e a repulsa a tudo que compactue com o capitalismo, com a classe dominante e com a indústria cultural está no cerne do pensamento e da crença dos punks. A simples menção a alguma influência de seu visual nos trajes compostos por estilistas é motivo de irritação para qualquer punk militante. Irritação, contudo, que não desmente a real influência que os estilistas buscam nessa indumentária. Ao contrário, só a comprova.

Os inventores de estilo se valem, sim, dos arranjos de visual e, em decorrência, do comportamento que o movimento punk cunhou. Como coloca o historiador inglês Malcolm Barnard, os modismos inspirados ou relacionados ao punk podem ser agora encontrados em qualquer avenida da cidade. Virou chique ser ou parecer punk, o que os irrita ainda mais. "Os trastes do punk", diz Barnard, "tornaram-se produtos ou foram fabricados como tal e, diriam alguns, o equilíbrio do poder, se é que este foi alguma vez abalado, tem sido restabelecido em favor das classes dominantes". Essa constatação acaba quase sempre em xingamento e ataques furiosos contra os criadores da moda e sua indústria do efêmero.

Dos punks, não se esperam maiores levantamentos de discussão. Porém, por parte do meio intelectual é percebido aí, no mínimo, um descaso – se não, preguiça. Ou até, quem sabe, uma relutância parecida com a manifestada pelos punks. Pode ser também, visto de outro ângulo, um não-enxergar dos pontos de conexão que um tema encontra no outro, inclusive pela escassez de bibliografia antecedente ou pela recentidade histórica do assunto. Entretanto, o fato é que dois produtos culturais (moda moderna e punk) praticamente da mesma idade pontuam, aqui e ali, todos os dias, em esferas da comunicação e da vida humana moderna. A moda, em seu composto geral, é quiçá o fenômeno de maior proliferação e disseminação da era atual, algo como um verdadeiro império ideológico. E o punk? Um movimento político-ideológico honesto? Uma bem-intencionada – porém imatura – articulação sem poderes legítimos? Uma brincadeira juvenil só para bagunçar? Um mero modismo? Os mesmos punks, que são esses possíveis últimos mártires pós-modernos, correm o risco de não passar pela opinião pública como uma sub-raça ou quase-etnia, tal como são vistos então nos noticiários de tevê ao lado de índios, sem-terra, negros, gays, feministas e manifestantes em geral.

Sem mais protelação e encarando o problema, está dada a proposta (tal qual no título do livro): como o punk, enquanto movimento comportamental e estético da juventude, veio a, saindo das margens da cidade urbanizada, demarcar incisivamente terreno sobre as passarelles da moda industrial e mercadológica. Para desvelar essa pedra-bruta, será preciso valer-se substancialmente das ideias de sociólogos, historiadores, filósofos, semiólogos, psicanalistas, antropólogos, artistas e estudiosos das áreas de comunicação e de moda especificamente.

Será sobrevoada a Escola de Frankfurt e se falará de perto com Jean Baudrillard, Edgar Morin, Pierre Bourdieu e Umberto Eco. Haverá diálogo constante com Gilles Lipovetsky, Malcolm Barnard, Antonio Bivar, Valerie Steele e Patrice Bollon, além de se recuperar a filosofia imoralista de Friedrich Nietzsche tal qual a moralista de Jean-Jacques Rousseau. A antropologia de Claude Lévi-Strauss também. Da moda, estilistas ratificam ou retificam certos conceitos. Igualmente, o testemunho e exemplo de artistas de todo o planeta (passando pelos punks, é claro, e até dos tropicalistas brasileiros Gilberto Gil e Caetano Veloso, de grata contribuição) para dimensionar a possível aceitação do punk e da moda de vestuários dentro de um âmbito artístico.

Primeiramente, faz-se necessária uma visualização histórica do movimento punk em suas duas fases: a norte-americana, iniciada no fim dos anos 60, e a inglesa, da segunda metade dos 70. Junto a essa recuperação dos fatos, o surgimento e o desenvolvimento da estética que marca o punk, com sua indumentária revolucionária, seus modos de ser, seu descaramento, seu julgamento ferino da sociedade. Na parte seguinte, sempre à luz de uma explicação de como se chegou ao *estilo punk de ser e vestir*, uma recapitulação da moda moderna, vindo desde a queda da alta-costura no fim do século XIX, passando pelo advento do jovem prêt-à-porter até se chegar ao punk nas coleções de moda. Os levantamentos filosóficos, tais como cultura, razão, moral e ética, estão na terceira parte, que abre espaço para, na quarta seção, fazer análise de modo mais consistente duas coleções inspiradas no punk: uma da grife brasileira Vide Bula e outra do estilista francês Jean Paul Gaultier. Por fim, os porquês de toda a discussão proposta, sem meias-palavras, como que se tomado pelo espírito punk.

As razões pelas quais o tema foi escolhido são evidentes, além de complementares entre si. Primeiramente, porque o tema *moda* carrega uma importância sociológica e antropológica inegável dentro da sociedade de hoje. Suas funções são as mais diversas: comunicação, representação simbólica, contestação, proteção, mistificação, manutenção do poder, resistência, status, lazer, etc. Como ressalta um dos maiores pensadores da atualidade, o semiólogo, filósofo e escritor italiano Umberto Eco, "a linguagem do vestuário, tal como a linguagem verbal, não serve apenas para transmitir certos significados, mediante certas formas significativas", mas, igualmente, "para identificar posições ideológicas, segundo os significados transmitidos e as formas significativas que foram escolhidas para os transmitir". A moda *diz* em roupa e gestos o que a sociedade não consegue dizer em palavras, e abordar seus códigos e aspectos de sua produção ajuda a explicar lógicas e significados desta sociedade que, contam (e até se consente) ser pós-moderna. Quanto ao punk, semelhante importância sociológica pode ser empregada, ainda mais quando representa um dos poucos momentos históricos da segunda metade do século XX em que se levou a sério um desafio à legitimidade da ideologia dominante e às hegemonias na distribuição do poder na ordem social, por mais controvertida que essa seriedade possa parecer.

Outro porquê para tal delimitação se encontra na observação da falta de caráter crítico visto nas matérias e reportagens jornalísticas de moda de uma forma geral. Tais publicações, ao mesmo tempo em que ocupam espaços consideráveis dentro das páginas de jornais e revistas, dificilmente levam consigo a ponderação crítica – essencial ao fazer jornalístico. Na maioria das vezes, esses textos só abordam o lado bom das coleções de moda, divinizando-as e dando a entender que sempre se deve acatar o que a imaginação dos criadores de estilo propõe. É raro encontrar na imprensa que o outono-inverno de Amir Slama é mal elaborado ou que as peças de verão criadas por Alexander McQueen não expressam bem o tema no qual ele se baseou, por exemplo. Isso gera, em muitos casos, certo descaso e um ar de desimportância com o tema, fazendo com que se trate da pauta *moda* dentro do jornalismo – e, consequentemente, ante a opinião pública – como algo banal e sem discernimento, o que obscurece o valor sociológico, simbólico e filosófico que a matéria encerra.

Isso obscurece, inclusive, o potencial econômico de um setor que movimenta trilhões de dólares por ano em todo o mercado mundial. Só o segmento de luxo, por exemplo, é responsável por cerca de 250 bilhões de dólares. Um dos maiores mercados de moda da atualidade, o Brasil já é o quinto maior parque têxtil do mundo fabril, onde se movimentam 50 bilhões de reais ao ano e se emprega 1,7 milhão de pessoas, segundo pesquisa do Ibope Inteligência, o Pyxis. Atualmente, a indústria da moda brasileira reúne 30 mil empresas formais e é a segunda maior empregadora da indústria de transformação e também o segundo maior gerador do primeiro emprego.

Entretanto, para além das questões políticas, filosóficas e econômicas, um fator une, sem erro, punks e fashions em uma única faixa: ambos padecem de um sintomático preconceito diante dos que estão de fora. Os primeiros sofrem críticas por sua postura e atitude marginal e transgressora com relação ao que foi estabelecido como certo. Pode-se desconfiar que esse ataque seja pura manifestação de inveja por parte de indivíduos medianos desta ordem social burocrática, os já "derrotados pela vida", ao perceberem que alguém se move, que alguém berra contra o que está errado – coisa que eles, medianos, não têm coragem de fazer. Todavia, essa rejeição com relação aos punks manifesta-se num tom de descrédito para com um grupo de pessoas – os mesmos punks –, que ou se revoltam por motivos baratos ou jamais propõem algo concreto para substituir o que tanto denunciam.

Outra visão que se encontra em qualquer esquina quando se pronuncia a palavra punk é, por *incrível* que pareça, totalmente inversa a essa, e coincide exatamente com o caráter insurgente pregado pelo movimento. Quando alguém, de qualquer faixa etária, usa o termo punk para adjetivar algo (uma conversa, um discurso, um confronto, uma produção artística, um indivíduo, seja o que for), é porque esse algo se revelou além do limite do normal. É sinal de que "a coisa foi séria", verdadeira, grave. No caso de ser empregado para classificar alguém, essa pessoa pode ser o mais tradicional dos seres que, se sua atitude for intensa e determinada, levará um *punk* como adjetivo. O termo pode ser proferido tanto apreciativa quanto depreciativamente, mas, certamente, sempre designando algo marcante, forte e carregado de emoção. Considerações tão opostas – *a seriedade e a falta de seriedade* – só confirmam a própria face dialética do punk, o que torna a parecença contraditória do movimento não tão incrível assim, apenas mais profunda do que se poderia pensar.

Na vereda da passarela e da moda, nota-se uma semelhante predisposição à diminuição valorativa frente a um setor do coletivo social. Lidar com o fútil, com a vaidade, com a aparência, com um mundo repleto de detalhismos caríssimos aos bolsos – onde se parece estar tão mais à margem da sociedade do que os revoltados punks – rende à moda um inevitável estigma. No outro extremo ao dos punks, os *boys & girls* cultuadores da estética dão a impressão de estarem totalmente alienados, consumindo vorazmente seus discutíveis produtos ao mesmo tempo em que vivem (alheios) num planeta onde milhares de pessoas deixariam de passar fome com o valor de um sapato Prada ou uma caneta Montblanc. Mas quem disse que viver *alienado* ou *alheio* é assim tão criticável? Por que não se admitir *dúbio*? Salvar peles de animais – e a só isso se dedicar –, adotar posicionamentos políticos extremistas ou viver com seriedade o universo tão estrelar quanto esbanjador da Fórmula-1 enquanto há milhares de necessitados em escalas assustadoras talvez seja tão mais alienado e contestável quanto esbanjar estilo e acompanhar tendências. Afinal, de um modo ou de outro, todo vivente cumpre determinado estilo ou segue certa tendência, por mais estática que seja.

Não será pouco o desdobramento teórico necessário no que se seguirá para encontrar caminhos que justifiquem a relevância sociológica, filosófica e artística da produção de moda e da força do punk, levando em consideração a abrangência e o alcance de suas influências na sociedade e os pontos díspares ou coincidentes que um assunto encontra em outro. Moda? Punk? Moda-punk (!). O fato de estar comparando a moda – com seu caráter político-social capitalista – com um fenômeno de cunho anarquista e de contracultura – o punk – está no cerne desta objetivação. Mostrar o quanto ideias políticas opostas podem vir a se interinfluenciar dentro da conjuntura globalizada atual é objetivo frontal a se atingir.

Está dada a provocação. "And we don't care"[1]! Nada será como antes.

[1] "E nós não estamos nem aí", da letra de Pretty Vacant, música da banda punk inglesa Sex Pistols.

NO FUN

História do movimento punk

Música de autoria da banda norte-americana The Stooges, cujo título quer dizer "sem graça". Gravada originalmente no álbum de 1969 produzido pelo velvet-underground John Cale e que leva o nome do grupo. O conjunto tinha como líder o jovem vocalista Iggy Pop, ainda atendendo pelo nome de Iggy Stooge. Revolucionária em sua época, é uma das primeiras músicas a trazer o estilo punk-rock (baixo, guitarra e bateria em ritmo pulsante e combinação melódica simples e criativa) e seria adotada, alguns anos depois, pelo grupo inglês Sex Pistols no repertório de seus primeiros shows.

Flores e lixo. Ou seriam flores *brotadas* do lixo? As rosas, por exemplo, desde muito carregam um sentido ambíguo: tanto encantam com a docilidade e a beleza de suas formas quanto, em contrapartida, machucam e ferem com seus pontiagudos espinhos. Expressam, dependendo da situação, amor ou ódio. A imagem que marcou a geração dos anos 60 e que sintetiza essa ideia é a cena em que jovens engajados põem, em sinal de paz, flores dentro do cano de metralhadoras empunhadas por militares. Porém, que significado aquele gesto deixou para as gerações seguintes? Tendo em vista os ardidos dias que a sociedade vive atualmente, seria possível – ou necessário – encarnar, ao mesmo tempo, a *flor* e a *metralhadora*? Seguir, sem defesas nem temor dos aproveitadores, a sina humanístico-cristã de somente fazer o bem e *amar ao próximo* ou, inversamente, assumir o *lobo do lobo do homem*, estado que Thomas Hobbes entendia ser inerente à natureza humana? São perguntas complicadas de responder.

No entanto, na história recente da sociedade contemporânea, alguém pronunciou com todas as letras a louca proposição de unir esses dois elos. O que seguramente se sabe é que um certo movimento denominado punk quis explodir o mundo e com o mundo. Os punks, como ratazanas de esgoto que sobem à superfície na madrugada, apareceram, tomaram conta do quarteirão, assustaram os desavisados e, ao clarear o dia, recolheram-se novamente aos subterrâneos – sendo que, bem como os ratos, invariavelmente reaparecem. Pareciam desejar, acima de tudo, escrever um sórdido e realíssimo romance da vida moderna, onde não poderiam faltar ingredientes básicos como sexo, drogas, violência e rock'n'roll. Surgidos em alguma chuvosa e tediosa noite fria de Londres ou num boteco decrépito qualquer de Nova Iorque, o punk aludiu, ou melhor, intentou ser *flor* e *metralhadora*. *As flores do romance*[2], as flores brotadas do lixo.

De uma maneira geral, o punk enquanto cena insere-se dentro da leva de manifestações de contracultura juvenil iniciadas nos anos 50 e advindas com o chamado baby boom, subculturas como o beat e o hippie. Duas vertentes do que se entende por punk podem ser consideradas historicamente falando: uma norte-americana e outra inglesa. Politicamente, o punk, do modo como ficou conhecido até os tempos atuais, busca base no pensamento de extrema-esquerda, no anarquismo. Antes de mais nada, é premente instituir-se a própria definição de punk. Usada para adjetivar alguém repulsivo e abjeto já no século XVII, na peça *Medida por medida*, de William Shakespeare, escrita em 1603, a expressão aparece pela primeira vez com feições mais próximas de sua significação

[2] The flowers of romance é o título do álbum da banda inglesa de rock pós-punk Public Image Limited ou P.I.L., gravado em 1981, que, por sua vez, referencia à banda punk de mesmo nome formada por seu ex-companheiro de Sex Pistols, Sid Vicious, em 1979, a qual não registrou nenhuma gravação oficial.

atual nos anos 60 do século passado, num livro do escritor norte-americano William Burroughs indicando algo como marginal. No célebre filme *Juventude transviada,* de 1955, a gangue briguenta e bagunceira de maus elementos de classe média-alta norte-americana ouve da boca do astro do filme, James Dean, um agressivo xingamento para a época: "Punks!", prenúncio do lado *mau* do movimento. Atribuem alguns também à revista americana Punk – publicação lançada pelo jornalista Legs McNeil em 1975 que tratava sobre a cultura pop dos anos 70 – o batismo da cena.

Porém o termo, no fim dos anos 60 e início dos 70, não era usado para designar necessariamente um estilo, uma pessoa, tampouco um movimento social. Só veio mesmo a significar do modo como é entendido hoje quando desembarcou no Velho Mundo. Acima de tudo, o cerne de sua concepção e atitude, em todo seu processo evolutivo, é a *contrariedade* diante do status quo social e burguês do mundo capitalista, da sociedade de consumo. Essa contrariedade se expressava num formato tão niilista quanto rebelde. "Sórdido, vicioso, baixo, perverso, degenerado, repugnante – *punk* em todos os sentidos do termo", disse Patrice Bollon. "Punk quer dizer inépcia, podridão, sujeira e insanidade", resume Françoise Vincent-Ricard. Seja como for, será visto que punk vai além dessas conceituações supostamente depreciativas, abarcando sentidos maiores que vão desde um estilo de arte criativo e crítico até uma forma bastante original, lúdica e poética de ver e sentir as coisas.

Mordendo a Big Apple: a fase americana

A primeira linha histórica do punk a se considerar tem início nos Estados Unidos por meados dos anos 60. Segundo Klaus Honnef, "era um grupo de pessoas jovens de diversas camadas sociais, unidas por uma coisa: a aversão às convenções e ao establishment". Seu celeiro e local de ação: Nova Iorque. Esses tipos – em sua maioria, jovens – tinham em comum o descontentamento com o sistema, com o modo de vida norte-americano e com a cultura de massas, pouco significativa a eles. Coabitam nesse espaço todo tipo de tribo: homossexuais extravagantes, lésbicas, artistas, cineastas, estudantes, atores, poetas. A cena, na verdade, era muito ligada ao que se chama de alternativo ou underground. E a suburbana Big Apple – numa época de bipolarização política e tensão mundial pela Guerra Fria, em contraste com a constante midiatização da cultura, com os avanços tecnológicos e científicos e com as manifestações sociais pelo mundo – era o cenário perfeito para o aparecimento e o desflorar de crias descontentes e apolíticas.

Um dos principais centros de comunhão daqueles jovens era a Factory, apartamento-ateliê pertencente ao *padrinho* da cena, o artista plástico e agitador contracultural americano Andy Warhol. Junto com outros artistas, como James Jasper e Roy Lichtenstein, Warhol redefiniu o conceito de arte moderna pós-Segunda Guerra Mundial com uma produção figurativa que punha em discussão a sociedade industrial através da reprodutividade e da despersonalização dos meios de produção artística. O habitat do *pai da pop art* era uma espécie de núcleo cultural daquela vida alternativa emergente de Nova Iorque.

Segundo Klaus Honnef, "o artista gostava de viver no meio do grupo que, a pouco e pouco, se foi formando no seu apartamento. Tal como uma abelha faz com o mel, Warhol extraiu ideias e inspirações destes talentos variados e multiformes. Quando achava que algumas mereciam ser realizadas, deixava que os seus *boys and girls* o fizessem, embora ele indicasse a direção a seguir".

Como a Factory, também surgiram outras casas para abrigar as atividades do grupo e, tal como Andy Warhol para esse local, as outras também tinham seus cabeças. No fim dos anos 60 e início dos 70, abrem a Max's Kansas City, o Mercer Arts Center, o Bowery e o C.B.G.B. – este, ainda em funcionamento, é cultuado por bandas de rock alternativo da atualidade. Por tais, circulavam as caras e figuras da cena: Duncan Hannah, Warhol, Cheetah Chrome, David Byrne, Arturo Vega, Dee Dee Ramone, Debbie Harry, Iggy Pop, Joey Ramone, Terry Ork, Richard Hell, Nico, Tom Verlaine, Nancy Spungen, Johnny Thunders, Michael Sticca, Nitebob, além de ícones pop que não agiam diretamente naquele lance, mas que o presenciavam sem preconceito, como Jimi Hendrix, Jim Morrison, Janis Joplin e Miles Davis. Duas personalidades foram o centro da *organização da desordem*: Danny Fields, executivo da gravadora Elektra Records – que mantinha contrato com bandas conhecidas da cena, como as garage bands

Stooges e MC5 –, e Lee Childers, empresário e amigo da turma. Deles surgiam shows, festas, turnês, gravações, vendas e encontros, além do apoio ao aparecimento de novos talentos que, de alguma maneira, contribuíssem para aquilo.

Mas o que impulsionou o surgimento dessa cena? Mais do que qualquer coisa, o momento histórico. A conturbação psicológica e sociológica a que os anos 60 foram acometidos – entenda-se por *conturbações* Guerra do Vietnã, ameaça de um desastre atômico, ascensão das ditaduras nas Américas, reavaliação da força das minorias (africanos, mulheres, índios e outros), Crise dos Mísseis em Cuba, assassinato de John Kennedy, conquista do espaço, revolução sexual, marchas de 1968 em Paris e tudo mais – trazia à humanidade todo um clima de inquietação, medo, incertezas e, principalmente, impotência. Receptivo em sua sensibilidade típica da idade e aberto às informações do que ocorria, o jovem da época passou a assimilar e participar, cada qual em seu grupo e cada grupo à sua maneira, desse filme da realidade. Nessa hora, a cidade de Nova Iorque virava o epicentro desse inconsciente (seria *consciente*?) coletivo.

Os beats ou beatniks, grupo de intelectuais, artistas e pensadores existencialistas surgidos nos Estados Unidos macarthista da segunda metade dos anos 50 – do qual faziam parte nomes como Allan Ginsberg, William Borroughs, Jack Kerouac, Neal Cassady, Jackson Pollock e Ken Kesey – levantavam a bandeira de uma procura interior (o "em si" de Sartre) pelas vias da cultura alternativa, do conhecimento do não-ortodoxo (Rimbaud, Blake, surrealismo, dadaísmo, Kafka, Nietzsche) e da contribuição da cultura oriental (zen-budismo, ioga, meditação) à vida no ocidente. Buscavam isso para uma possível resolução dos indivíduos frente ao proliferado e mentiroso *american way of life*. Puxando alguns conceitos da geração beat, como o ativismo pacífico de Ginsberg, a orientalização espiritual e, principalmente, o senso de humanismo beat, os hippies vieram uma década adiante com seu *paz e amor* como única solução a um planeta em declínio – palavras de ordem, claro, associadas a muito LSD.

Já na velha Inglaterra do início dos anos 60, tanto quanto beatniks e hippies, os mods da classe média viam no escapismo do lazer e da ultraelegância de seus ternos italianos alinhadíssimos, sapatos bicolores, gravatas finas de tecidos nobres e cabelos curtos à francesa um modo de se dizerem incluídos na alta classe da sociedade. Curtiam o rhythm & blues dos negros norte-americanos em depreciação ao rock – para eles vulgar e sem refinamento. Ensaiavam toda a semana uma nova dança: numa, o dog ou o shake; noutra, o hitch hike, o block ou o jamaicano ska. Filmes de arte eram franceses ou italianos, assim como os cigarros Gauloises, únicos a serem fumados. Só frequentavam charmosas coffee shops.

Ao mesmo tempo, os seus opositores (não só opositores: adversários em brigas), os rockers, vindos da mesma classe média britânica, mantinham-se fiéis à cultura rebelde do rock'n'roll básico dos 50. Temerosos com o que podia acontecer com o mundo e fortemente contrários ao que vinha de seus pais, valorizaram a antiga cultura adolescente: motos caras, jaquetas de couro, pegas, brigas de rua, jeans sujos e engraxados, cabelos compridos empapados de gomalina e aparência selvagem. E pubs vulgares e com muita cerveja. Isso fazia a cabeça dos rockers, que achavam serem esses os reais valores da classe operária, contrastando com o esnobismo consciente dos mods.

Os punks não estavam nem aí para nada disso. Para o inferno com um *novo eu*, com deuses a serem descobertos, com flores no lugar de armas, com a elegância cool da *Swingin' London*, com o culto ao *selvagem* Marlon Brando do cinema, com soluções para os males da humanidade! A impotência diante do caos moderno era reinante e consumidora das individualidades. A negra realidade mostrava que o ser humano já não era mais tido como gente há muito tempo. Esse desgosto e ceticismo dos punks com o mundo em que viviam se expressava em suas criações artísticas, de peças de teatro a publicações literárias; porém, sem a menor pretensão construtivista, na acepção literal do termo. Anarquistas, cínicos, conscientes. O exemplo da alternatividade e a simpatia e a experiência com drogas herdada dos beatniks (e compartilhada com os hippies) são irrefutáveis, só que muito mais por motivos de contemporaneidade do que por qualquer outra coisa. Tanto que, em termos musicais – o modo pelo qual o punk melhor se expressou –, do grande nome da geração beat, Bob Dylan, jamais se notou influência. Do jazz, tão cultuado entre os beats, muito menos. E do hippie nem se fala: punk era tido quase como que o seu contrário.

A ausência de convencionalismo da cena punk fazia, sim, com que, conceitualmente, as ideias se intercambiassem. Exemplo: o namoro constante com o escritor beat William Borroughs. Ou mesmo, como levanta o escritor brasileiro Antonio Bivar, "o gosto pelo escuro, pela roupa preta, pela consciência à esquerda" aproximava punks de beatniks. Nada melhor do que essa definição: "Um grupo de criadores e malucos, de curiosos e fanáticos de experiências novas criou uma atmosfera eletrizante, onde floresciam ideias e projetos como tomates numa estufa". Como dito, foi através da música que o punk teve seu maior impacto, o que vale tanto para essa fase (nova-iorquina) do movimento quanto para a seguinte.

Foi nesse ambiente que apareceram artistas como Lou Reed, John Cale, Paul Morrissey, Iggy Pop, Wayne Kramer, Patti Smith, John Vaccaro e bandas como Ramones, Blondie, New York Dolls, Suicide, Television, The Modern Lovers, MC5. Suas canções demonstravam ora inovação estilística em comparação à produção da indústria fonográfica da época, ora reminiscência ao rock'n'roll de raízes negras norte-americano dos anos 50 (leia-se Chucky Berry, Little Richards, Bo Diddley, Elvis Presley e outros), à surf music e às primeiras garage bands dos anos 60 (grupos de jovens encorajados pelo fenômeno Beatles-Rolling Stones a fazerem rock nas garagens de suas próprias casas). Nesse sentido, vale a classificação apresentada por Nancy Spungen: "Punk é apenas o bom rock'n'roll básico, com riffs bem bons. Não é uma música muito enfeitada e intrincada – é apenas o rock básico dos anos 50 e começo dos 60". Iam, acima de tudo, de encontro com a cultura de massa.

Símbolo dessa cena americana do fim dos 60, em música, forma, estilo e postura, foi o grupo Velvet Underground, empresariado por Andy Warhol. Toda a alternatividade, a obscuridade, a *suburbanidade* e, mais do que tudo, toda a *decadência* da vida adversa à indústria cultural encontrava-se na banda encabeçada por Lou Reed e John Cale, com colaborações da modelo, atriz e cantora alemã Nico e completada por Maureen Tucker (bateria e percussão), Sterling Morrison (guitarra) e Doug Yule (baixo e teclados). Primeira banda de rock absolutamente moderna, fazia uma mistura de rock anos 50, country, jazz e música popular francesa com os elementos da música erudita de vanguarda que Cale incorporava[3]. E, claro, a poesia maldita e marginal de Reed. Os dizeres do historiador alemão Klaus Honnef traduzem bem o senso de multiplicidade de expressões características da época que a banda, com o aval de Warhol, sabia representar: "Warhol colaborava ativamente com o grupo de rock Velvet Underground, com o qual, em abril de 1966, montou um espetáculo de multimídia de música, dança, iluminação, projeção de dispositivos e filmes, de que participou a alemã Nico".

Atribuía-se às pessoas do grupo de nova-iorquinos alternativos muitas vezes a expressão *junkie*, algo como *drogado, viciado* ou, num entendimento mais abarcante, *caráter e atitude irresponsável dentro dos padrões da sociedade*. Tal terminologia não era desconhecida: William Borroughs publicara, em 1963, *Junky*, livro de memórias sem papas na língua sobre seus dez

[3] De formação musical vanguardista da linhagem dos concretistas e atonais como John Cage e La Monte Young, John Cale foi um dos principais responsáveis pela inovação estilística que o punk americano introduziu na música pop desde os anos 60, vindo a influenciar bandas de diversas tendências nas décadas seguintes. Ex-aluno de Cornelius Cardew e Aaron Copland, desde cedo tocava violão, viola e teclados, além de cantar. Canções de parceria entre ele e Lou Reed como *I'm waiting*

anos de experiência com heroína. É interessante notar que tamanha fuga aos padrões não garantia o que é mais ligado à imagem dos punks até os dias atuais: o fundo político-contestatório. Esse definitivamente não era o foco da questão na Nova Iorque de 60-70. Sobre a liberdade ideológica e política dos punks americanos, ressalta-se a declaração de McNeil: "O punk foi assim: isso é novo, isso é agora, apoteótico, poderoso. Mas não foi politizado. Quer dizer, talvez isso seja um lance político. O que quero dizer é que o grande lance do punk foi não ter nenhum compromisso político. Teve a ver com a liberdade verdadeira, liberdade pessoal. Teve a ver também com fazer qualquer coisa que ofendesse um adulto. Ser simplesmente tão ofensivo quanto possível. O que pareceu delicioso, simplesmente euforizante. Ser quem a gente realmente era".

A posição política dos junkies nova-iorquinos se dava de modo amplo e pouco engajado; nada verdadeiramente claro – e esse era, mesmo que inconscientemente, o objetivo. As referências a Mao-Tsé Tung observadas desde as obras de Andy Warhol[4] ao alegórico estilo do vestir do grupo New York Dolls em certa época – com trajes de vinil vermelho tipo o ditador asiático – não são suficientes para estabelecer um aliciamento político dos jovens do punk americano, quanto menos taxá-los de comunistas. No máximo, via-se ali uma tendência ao pensamento da esquerda, o que, mesmo assim, não respondia pela maioria. Na verdade, valia mesmo era a noção de *política do tédio*, já que a oposição era à sociedade como um todo e não exclusivamente à esfera do político.

for the man, cujo compasso único é sobreposto por distorções de guitarra, e *The black angel's death disco*, com um texto poético na voz de Lou Reed sobre apenas um acorde de guitarra e sonidos atonais de viola, são exemplos de composições que fazem essa engenhosa ponte entre vanguarda e punk-rock.

[4] Referência à série de obras com as técnicas serigrafia e óleo sobre tela ou acrílico sobre tela tematizando o ditador comunista chinês Mao-Tsé-Tung realizadas entre 1972 e 1973.

Essa fase do punk também não se constituiu de um movimento organizado ou previamente arquitetado. Suas diversas formas de demonstração – sejam elas em música, teatro, cinema, poesia, pintura, fotografia – deram-lhe corpo. O *teatro ridículo* de John Vaccaro, por exemplo, veio a somar-se com a música obscura do Velvet Underground, que se aliava à poética à la Rimbaud de Patti Smith que, por sua vez, colaborava para a criação de Robert Mapplenthorpe[5], que produzia em fotografia algo tão minimalista quanto o som básico das garage bands. No documentário *Dancing in the street – No fun*, produzido pela rede de televisão britânica BBC em 1996, há uma passagem que bem explicita essa original conjunção de opiniões do que era o punk nos Estados Unidos: "Blondie era bem diferente do Television e de Patti Smith, mas essa mistura eclética e abertura às novas ideias faziam parte da força do cenário cada vez maior do punk".

O fator primordial do caráter do movimento era, acima de tudo, o senso de democracia. Quem quisesse montar uma banda, encenar uma peça, escrever um poema, compor uma canção, dirigir um filme, o que fosse, podia fazê-lo livremente. Contribuindo para aquela vastidão de ideias, era bem-vindo, mesmo que não possuísse nenhum conhecimento técnico (o que ocorria na maioria das vezes) para a proposta. Essa mentalidade, noutros termos, os posicionava politicamente. Esse espírito juvenil e transformador influenciou profundamente a atitude de novos conjuntos musicais, revolucionando o mercado fonográfico de todos os locais do globo – uma verdadeira reinvenção do fazer cultural da sociedade de massa[6].

[5] Mapplenthorpe, renomado fotógrafo e artista plástico morto em 1989, foi autor da foto da capa do primeiro LP de Patti Smith, *Horses*, de 1975, produzido por John Cale. Na capa, a cantora e poetisa aparece em uma fotografia em preto e branco vestindo um traje masculino, numa clara referência ao estilo inventado por Coco Chanel nos anos 20.

[6] Para Rowe (apud Josep Picó, 1999),

Tamanho espírito de liberdade de opiniões era este que uma das figuras aparentemente opostas à ideologia punk, o cantor, compositor, produtor musical e ator David Bowie, pôde dar poucas – porém consideráveis – contribuições à história desse estilo musical e movimentação comportamental. Vindo da cultura mod londrina dos anos 60, logo foi formando um estilo próprio de dândi ultrassofisticado e exagerado, que desembocaria no seu camaleônico individualismo cênico. Bowie era (e é) uma estrela do rock que nunca é ele próprio como pessoa: ele interpreta papéis num enorme palco chamado show business. Por causa desse *distanciamento* bretchniano da cultura de massa (numa outra forma de entendê-la e criticá-la que não a do enfrentamento praticado pelos punks), logrou influências vitais à cena.

"a postura política dos primeiros punks alimentou uma concepção de produção musical que foi tecnicamente rudimentar e que repudiou uma divisão especializada do trabalho cultural, e foi esta conversão de atitude que alimentou os fundamentos ideológicos da produção independente de discos".

No quesito visual, Bowie, no iniciar dos anos 70, afetou os punks via Lou Reed e New York Dolls, dando-lhes alguns exemplos das loucas, extravagantes e ambíguas combinações de peças, cores e formas de vestir com seu estilo glam, rapidamente adaptado para o glitter rock. Entretanto, mais do que tudo, Bowie foi a ponte entre tensões de comportamento, estilo e modo de viver juvenis que vinham se constituindo desde os anos 50. Soube juntar subculturas quase paradoxais e ilógicas entre si: o decadentismo underground e o ultradandismo do vestuário vindo de terras britânicas uniam-se à marginalidade e ao minimalismo das garage bands americanas como The Stooges e os próprios Dolls. Embora esse "encontro espantoso", como definiu o jornalista francês Patrice

Bollon, tenha se dado no transcorrer da cena punk de maneira bastante inconsciente, é notório que a figura de David Bowie circunscreveu esse processo – talvez pelo fato do artista ter tornado para si, com sua posição de distanciamento, essa justaposição algo consciente. Em todo caso, tal "panóplia" endoidecida resultaria na esquisitice rebelde de alguns londrinos da alta classe, o chamado Bromley Contingent, que logo importaria essa cultura alternativa nova-iorquina para Londres.

Bowie flertou com o punk em música e conduta, mesmo sem ele ser um ou nem de longe assumir-se como tal. Entre suas contribuições diretas, está a coprodução de *Raw power*, terceiro álbum da Iggy Pop & The Stooges, um verdadeiro petardo sônico, que abriu caminhos em matéria de sonoridade para as bandas londrinas que vieram a seguir. Despedido e desacreditado por sua gravadora após ter lançado dois discos de baixa vendagem, o Stooges encontrou em Bowie a figura que lhe deu liberdade para realizar o que realmente queria: um álbum seminal e tosco, um dos mais sujos que a história da indústria fonográfica já registrou. O artista inglês também empresariou Iggy Pop e Lou Reed em seus princípios de carreiras solos, produzindo-os, empresariando-os e compondo em parceria; e, novamente, pondo na história da música pop alguns dos trabalhos criados nessa fase[7].

No entanto, mais do que circular entre os undergrounds *decadentes*, David Bowie, com sua visão eclética e impessoal (porém não menos comercial e empresarial), apresentou ao mundo punk outra figura que acrescentou moda

[7] Após estrondoso sucesso mundial com a encarnação de personagens cênico-musicais como Ziggy Stardust (1972) e Thin White Duke (de 1975),

ao movimento: o músico e produtor musical inglês Brian Eno. Filho das vanguardas europeias e ex-integrante do altamente fashion grupo Roxy Music, Eno se autoclassificava como um não-músico (mesmo que sua obra musical em carreira solo ou em parcerias fosse prolífera e consistente). Essa rudeza o assemelhava de certa forma aos punks. O próprio se considerava um músico de estúdio, com a capacidade musical de criar sons e aplicar-lhes, através dos instrumentos e mesas de som, o efeito mimético desejado. Porém, ao contrário dos não-músicos do punk, Eno possuía um cabedal de conhecimentos sobre arte como poucos (nos anos 60, já trabalhara com escultura e pintura; desde 2007, é professor da Royal School of Art, de Londres), e suas diversas influências sempre foram levadas para dentro do que ele produzia em música. No próprio Roxy Music, grupo de identidade altamente pop, percebia-se, em alguns lances, um rock semelhante ao do punk na fase em que Eno integrou o conjunto.

Paralelamente à sua carreira solo, Brian Eno construiu uma outra primorosa como produtor musical, dando continuidade ao projeto de David Bowie lançado em Berlim. Suas produções são mundialmente conhecidas por serem tão conceituais e bem acabadas que chegam, às vezes, a roubar o brilho do artista produzido por ele para o seu trabalho de produção. Um dos grupos do punk de Nova Iorque que aproveitou de sua estética moderna de dirigir o estúdio foi o Talking Heads, composto por David Byrne, Tina Weimouth, Chris Frantz e Jerry Harrison. Com Eno, eles compuseram uma trilogia[8] de discos

David Bowie, com problemas de dependência química, conjugais e até com a CIA (uma constante vigilância enquanto morava na América devido a suspeitas de atividade nazista), decidiu mudar os rumos da carreira. Mudou-se para Berlim Ocidental, onde residiu, entre idas e vindas por outras partes da Europa, de 1976 a 1979. Assimilando o clima sombrio pós-Hitler da capital da Alemanha democrática e aproveitando-se muito bem dos melhores equipamentos de gravação da época num país tecnicamente moderno, o artista inglês produziu uma série de trabalhos que até hoje são referência em termos de música pop. Gravou, entre junho de 1976 e outubro de 1977, nos moderníssimos estúdios Hansa, dois discos com Iggy Pop: *Lust for life*, que contém a imortal faixa-título e a canção *The passenger*, outro clássico do punk-rock, e *The idiot*, álbum que traz os hits *China girl*, regravada por Bowie em 1983, e *Nightclubbing*, sucesso na voz de Grace Jones em seu álbum homônimo, de 1981. Nos dois álbuns, percebe-se a figura de um Iggy Pop renovado, também se desintoxicando e com um visual de *punk sadio*, menos agressivo do que antes, porém despojado.Com Lou Reed, o projeto de

David Bowie contemplou o trabalho que tirou o ex-Velvet Underground do ostracismo. *Transformer*, de 1972, carregava já no título a ideia de fantasia e transformação cênica e amoral. Reed aparecia na capa com um ar de transformista, vestindo preto e com o rosto pintado femininamente. Com esse álbum, imortalizado com o sucesso de *Walk on wild side* e *Perfect day*, Lou Reed explodiu em sua carreira solo, a qual havia começado sem grande brilho com um LP daquele mesmo ano, gravado logo após sua saída do Velvet Underground. O exemplo revolucionário de *Transformer*, que transmitia com riqueza a atmosfera da cidade-mãe de Lou Reed, Nova Iorque, influenciou diretamente o trabalho seguinte do músico americano, o álbum não à toa intitulado *Berlin* (lançado em 1973 e produzido por Bob Ezrin). Os dois discos tematizam essas duas capitais e fazem uma ponte entre seus climas poeticamente suburbanos e decadentes. Até hoje tanto *Transformer* quanto seu sucessor, *Berlin*, servem de referência a grupos e artistas de pop-rock e afins. Surtiu ainda desse "projeto Berlim" de Bowie uma trilogia sua, realizada ao lado de Brian Eno e Tony Visconti. *Low* (1977), *Heroes* (1977) e

entre 1978 e 1980 que elevaram o estilo punk a um patamar de modernidade estética e a uma sonoridade menos rudimentar, sem, contudo, perderem o pique roqueiro do punk-rock. Esse passo se mostrou mais do que influente para a música pop dos anos 80 com os chamados estilos new wave e pós-punk que viriam a seguir.

A primeira metade dos anos 70, em termos de indústria pop, foi marcada, entre outros estilos musicais, pelo sucesso de bandas e artistas do dito rock progressivo. Grupos como Yes, Pink Floyd, Emerson, Lake & Palmer e Genesis transformaram os shows de rock numa espécie de ritual onde o máximo de participação permitida ao público era... ouvir. Rock'n'roll deixava de ser um ritmo para o corpo, onde os shows eram uma festa para todos, tal como se constituíra desde os anos 50. Os espetáculos dos progressivos eram apoteóticos, onde não só a música importava, mas também as roupas coloridas e brilhantes, os efeitos de iluminação com raios laser, os novos aparatos tecnológicos, os cenários luxuosos e as limusines. Classificada como *neoclássica*, a música dos progressivos era, na verdade, antiquada e kitsch. Roqueiros estavam se tornando rock stars esnobes.

Os progressivos eram conhecidos pelas performances – tanto em discos quanto, principalmente, em apresentações ao vivo – quase sinfônicas, com solos longos e extensas mostras de agilidade e técnica com os instrumentos, numa abundância oca – tudo o que os punks detestavam. "A maior emoção era ser desajeitado, não ser capaz, ou tecnicamente hábil", lembra com gosto Tina Weimouth, baixista do Talking

Heads. Amadores e cheios de vontade de se expressar e criar arte, os punks contra-atacaram produzindo algo muito mais seminal, básico, independente. E com qualidade.

Furando a London Eye: a fase inglesa

O que se compreende como uma segunda etapa histórica do movimento punk tem maior precisão cronológica e espacial: começa em 1975, em Londres, mais exatamente na West End, onde se situava a loja de artigos alternativos Sex. A Inglaterra, como toda a Europa Ocidental, passava por uma forte crise econômica, o que afetou as famílias de classe média daquele país. A juventude dessa faixa social, desgostosa com a opressão de uma época de desemprego e conjuntura deficiente, rebelou-se. As válvulas de escape e de exteriorização foram, mais do que nunca, as drogas, o sexo e o rock'n'roll – nesse caso, o punk.

O punk veio para quebrar as fronteiras entre *belo* e *feio*, entre *bem* e *mal*, entre *razão* e *loucura*. Tudo neles era choque, de uma violência tão explícita quanto decadente. Depravados, sombrios, transviados, arrogantes, desprezíveis, grosseiros, tediosos, sórdidos, transgressores, zumbis, chapados, monossilábicos, vis, estúpidos, sujos, irremediáveis, espalhafatosos, torpes, minimalistas. Seria possível passar um livro inteiro enumerando os piores-melhores adjetivos a ser empregados aos punks. Todo o

Lodger (1979) são verdadeiros marcos na carreira do camaleão e (principalmente *Low*) referência constante na galeria de melhores discos da história do rock. Nesses três, Bowie reavalia seu visual, muito mais limpo e menos escandaloso, alinhando-se ao mesmo estilo minimalista de Iggy naquela fase.

[8] Os álbuns são, na sequência, *More songs about buildings and food*, *Fear of music* e *Remain in light*, todos produzidos por Eno em parceria com a banda. Os três trazem grandes inovações ao punk: no primeiro, a faixa *Take me to the river*, uma regravação pop de Al Green que chega ao décimo segundo posto das paradas; o segundo, talvez o mais conceitual da trilogia, é a própria união do minimalismo à modernidade do trabalho de estúdio; já o terceiro é um dos discos mais importantes e influentes dos anos 80, tanto pela produção e composição bastante inovadora (com colagens, inversões de sonoridade, reelaborações rítmicas, referências à vanguarda e aos ritmos africanos) quanto por ser o menos punk-rock dos três, dando luzes ao que se passaria a chamar de gênero world music.

mal que a sociedade escondia, toda a podridão que as pessoas normais, sensatas, equilibradas e saudáveis faziam de conta que não viam, agora estava em cada esquina de Londres na figura dos punks – e não adiantava desviar os olhos! Ou se assumia o punk, ou se odiava o punk.

Tipos abjetos, forçavam a sociedade, que se escandalizava e se ofendia, a se ver naqueles espelhos indigestos de si mesma. Se ficava escandalizada e ofendida, era porque, no íntimo, se identificava, e aí residia a intenção punk: mostrar a realidade nua e crua, o lado negro. Acuavam a sociedade, fazendo com que essa fosse obrigada a se ver mais profundamente e a se mostrar como de fato é: com os desejos reprimidos, os fantasmas, a loucura e o desequilíbrio, a sordidez camuflada pelos *bons princípios*, os demônios, os tabus, as taras. O que a psicanálise chamaria de *identificação projetiva* chamava-se, ali, de *identificação perversa*. Era um pesadelo que se tornava real naqueles seres mutantes quase irreais; naquela tribo ameaçadora e provocativa que vinha ou do esgoto ou de um inferno bem próximo.

Faça você mesmo era o lema. A cultura nova propunha uma contraposição à música e à moda do sistema vigente, que havia tornado música e moda monolíticas, sem risco e previsíveis. O rock progressivo era o símbolo dessa banalidade e previsibilidade. "A música e a moda banais e seguras do início dos anos 70 eram vistas como representando a cultura dominante, corrente e burguesa, que fazia dinheiro à custa dos jovens que compravam seus produtos", lembra o historiador inglês Malcolm Barnard. O punk, a seu entender, foi uma tentativa de desafiar não só a cultura burguesa, mas o sistema capitalista como um todo, que promovia e vendia seus insossos produtos. O negócio era mostrar o que se ocultava por baixo de tudo, e aquelas cascas que chamavam de roupas estavam prontas para revelar a qualquer momento a putrefação mascarada.

Inovadora em todos esses aspectos, a loja Sex, que tinha como proprietário o empresário e músico Malcolm McLaren e a estilista Vivienne Westwood, abrigava o que de mais underground McLaren havia trazido de suas viagens às ruas de Nova Iorque, das roupas aos artefatos, passando pelos discos e pelo sentimento de afronta ao establishment dos pioneiros do punk norte-americano. "A loja Sex tinha uma ideologia definida, o lance não era vender coisa nenhuma, era criar uma atitude", recorda McLaren. A butique era um ponto de encontro e comunhão da juventude londrina, que passava a se identificar com o universo que a Sex oferecia. As influências diretas, além da clara referência às sex shops, foram o exemplo de bandas como New York Dolls, Ramones, Richard Hell & The Voidoids e o cantor e compositor Iggy Pop. Foi nesse ambiente e época que surgiram, na Inglaterra, grupos de rock tais como Sex Pistols, The Clash, The Stranglers, Damned, Buzzcocks. A cada dia, via-se aparecer um novo grupo punk em Londres, cada qual mais violento e mais perverso do que os precedentes. "O Sex Pistols era idêntico ao New York Dolls", confessou Malcolm McLaren certa vez.

Os americanos Ramones, com suas músicas de dois minutos, refrãos simples e riffs primários associados a letras que viam a delícia e a dor de ser teenager através do rayban da cultura popular mais acessível, tiveram grata influência sobre o estilo punk que viria a estourar na primavera de 1977 na Inglaterra. Em estilo, muito jeans velho e imundo, jaquetas pretas de couro, óculos escuros e camisetas baratas, algo entre o rocker e o beat. Iggy Pop, band leader e performer junkie, também contribuiu em atitude e na concepção de um estilo musical que seria a semente do punk. Descrevendo o tipo de música presente no primeiro disco em que Iggy Pop atua, *The Stooges*, o jornalista brasileiro José Augusto Lemos resume: "Ritmo e guitarra adotam uma pulsação básica que se convencionou chamar de punk".

Se, no sentido musical, New York Dolls, Ramones e Iggy Pop causaram forte impacto sobre McLaren, Richard Hell o impressionou com sua postura e aparência, o que se observa nessa declaração de McLaren: "Achei Richard Hell simplesmente incrível. Era um cara todo desmantelado, arrasado, parecendo que tinha recém rastejado pra fora de um bueiro, parecendo que estava coberto de lodo, parecendo que não dormia há anos, parecendo que não se lavava há anos e parecendo que ninguém dava a mínima pra ele. E parecendo que na verdade ele não dava a mínima pra você! (...) E esse visual, essa imagem desse cara, aquele cabelo todo espetado, tudo nele – não há dúvida de que levei aquilo pra Londres". McLaren ainda completa: "Voltei pra Inglaterra determinado. Voltei com aquelas imagens. E o que trouxe foi isso: a imagem daquela coisa angustiada e estranha chamada Richard Hell. E essa frase: a geração vazia"[9].

[9] A expressão guarda uma debochada alusão

Se, nos Estados Unidos, o Velvet Underground somava os elementos próprios daquela movimentação social e artística, na Inglaterra, o Sex Pistols somava elementos próprios, influenciava e representava todo o punk. "O Sex Pistols era o centro total das atenções daquele grupo de garotos que incluía Joe Strummer, Billy Idol, Adam Ant e Siouxsie Sioux. Todos diziam *quero ter uma banda*"[10], lembra o fotógrafo e cineasta norte-americano Bob Gruen. O Sex Pistols era formado por Glen Matlock (baixo, depois substituído por Sid Vicious), Steve Jones (bateria) e Paul Cook (guitarra), liderados por Johnny Rotten (nome que quer dizer Joãozinho Podre[11], nos vocais) e tendo como empresário o mesmo Malcolm McLaren. O conjunto tocava em todos os lugares possíveis, criando um público interessado naquela música simples, mas executada num volume ensurdecedor e num ritmo para lá de rápido. Sua fórmula era tosca, agressiva, de poucos acordes e combinações melódicas, mas nem por isso sem propriedade. Faziam chover com seu brutal minimalismo, remetendo a velhos tempos do rock'n'roll, porém com uma retórica até então nunca vista no mundo do entretenimento. As letras expressavam uma postura anárquica e niilista, com hostilidade e cinismo. Os versos falavam de sexo, violência contra o sistema, aborto e racismo num momento em que a conservadora Grã-Bretanha parecia querer tapar os ouvidos para aquelas "porcarias". Tudo sem a menor pretensão: queriam aniquilar tudo à sua volta, todos os sentidos, não importava como. Patrice Bollon define bem isso: "Quanto à música, ela era apenas agressão, vio-

à geração beat, usada para classificar o movimento underground beatnik.

10 Strummer era vocalista e guitarrista da banda The Clash; Idol foi líder do grupo punk X, porém ficou reconhecido pelo seu posterior trabalho solo; Ant é band leader do grupo Adam Ant & the Ants e Sioux é a *dama* do punk inglês e líder do grupo Siouxsie & The Banshees, banda na qual Sid Vicious (segundo baixista do Sex Pistols e espécie de representante do tipo punk) tocou baixo no primeiro álbum, *Screw*, de 1979.

11 Ele, depois da separação da banda, passaria a ser chamado pelo nome próprio, John Lydon, nome com o qual seguiu em carreira solo à frente do grupo Public Image Limited.

lência, ataque sem objetivo, simples crispação, pulsação, convulsão doentia: barulho puro, surgido de uma boca de sombra e de vazio. Quanto mais tocavam mal, quanto menos sabiam tocar, mais pareciam gostar. Num andamento quase epilético de dança de São Guido, eles berravam, zurravam, vituperavam, arrotavam e vomitavam na cara do mundo as palavras mais estúpidas, mais vazias de sentido, que conseguiam, com dificuldade, forçar a passagem num verdadeiro magma de sons sujos, duros, esmagados, deslocados, distorcidos, picados, saturados de efeitos de larsen e apimentados de mixagens eletrônicas (...). Uma espécie de monstruoso ataque aos sentidos, contra qualquer sentido possível, no final do qual só restariam alguns gritos inarticulados e quase sempre inaudíveis".

Os integrantes do Sex Pistols eram os típicos rapazes do subúrbio londrino com seus dezesseis, dezessete anos, afetados pela crise econômica que assolava a Inglaterra pré-Tatcher e a Europa como um todo (Cook e Jones roubavam de carros a equipamentos de som, Rotten mal cuidava da higiene dos próprios dentes e Sid era um verdadeiro junkie). Em fins dos anos 60, sobretudo depois do primeiro choque do petróleo, em 1973, os europeus assistiram a uma escalada do desemprego já registrada desde o fim da Segunda Guerra Mundial, porém agora seriamente agravada. Apenas entre 1970 e 1980, a taxa de desemprego mais que dobrou para o conjunto dos países do Mercado Comum Europeu. De alcance global, a crise petrolífera no Oriente Médio também fez aumentar a taxa de desemprego do então governo Nixon nos Estados Unidos: 4,94% dos americanos estavam sem trabalho entre 1960 e 1973, cifra que subiu para o patamar de 7,48% nos dez anos subsequentes.

Como se não bastasse, a inflação, aliada à baixa da remuneração, também atacava o bolso da população. O poderio econômico americano, alardeado desde os anos 50, passava a ser uma mentira diante da realidade da segunda metade dos 70. No início daquela década, era de 25,5% o índice de inflação nos Estados Unidos. Praticamente o dobro se viu em 1980. A escalada generalizada e contínua de preços ao consumidor assustava da mesma maneira os europeus, e, na Grã-Bretanha, o fenômeno se mostrava até pior. Em 1970, a inflação era de 12,4%. Já uma década à frente, seus indicadores alcançavam descontrolados 44,8%[12].

Estava armada a bomba-relógio social. O distúrbio era inevitável e, com ele, o aparecimento de uma cultura como o punk. Nesse sentido, Sex Pistols e companhia são uma decorrência fenomenológica cultural sim, mas sobretudo situacional e sócio-histórica. O punk, pensa Malcolm Barnard, pode ser compreendido como um ataque ao sistema econômico de uma maneira ampla, pois havia produzido a fila dos desempregados, subúrbios inóspitos e a ausência de um futuro com algum significado para esses jovens. A prova é que, com a crise afetando todo o globo, esses *bandos sub* cedo ou tarde invadiram outros locais do planeta nas mais diferentes latitudes, de Moscou a Buenos Aires. Os mesmos motivos sócio-econômicos e psicológicos impulsionadores da cena inglesa se tornaram tão reais ou piores nesses novos palcos (sub)urbanos.

[12] Fonte: Organisation for Economic Co-operation and Development (OECD), Washington D.C., Estados Unidos.

O Brasil é um dos melhores exemplos. Com o arrocho salarial e o milagre econômico entre 1969 e 1973, houve um ingresso descomunal de jovens no mercado de trabalho. Nesse período, 70% dos trabalhadores entre quatorze e vinte e quatro anos estavam empregados no perímetro urbano. No fim da década de 70, contudo, esse quadro se inverteu. O Brasil, encilhado por uma interminavelmente temporária ditadura militar desde o golpe de 1964, via-se em situação delicada: a inflação ultrapassara os 100% e se somavam mais de um milhão de desempregados somente na cidade de São Paulo. O perfil do jovem urbano brasileiro, então, mudou de uma hora para a outra. Garotos perderam o acesso à diversão e ao consumo e passaram a se sentir excluídos e marginalizados. Raivosos, foram para as ruas em bandos brigar, protestar, drogar-se e exteriorizar. Alguma parecença com o caso britânico?

Na metade da década de 70, na Inglaterra, as coisas realmente começaram a tomar outra forma. A figura e exemplo ultraindividualista e cênica de David Bowie, que *sintetizara* as tensões formadoras do punk, infectava agora alguns *grã-finos decadentes* londrinos. Os integrantes do Bromley Contingent, como era chamado o grupo, passavam a exibir uma imagem caricatural e fantasmática que antes os roqueiros só mostravam sobre os palcos. Sua decadência virara *modo de vida*, e eles tomaram boates da noite londrina com as mais extravagantes roupas que até então se havia visto. E a mensagem era a mesma: "Não ser como os outros". Como descreve Patrice Bollon: "No final de 1975, surgiu nas boates de Londres (...) uma centena, no máximo, de jovens excêntricos cultos, quase todos provenientes da classe média-alta, educados em *art schools* (...), que levavam ao limite a lógica do rock decadente que os cercava, até uma espécie de neoexpressionismo com toques dadá. Eles eram suas próprias 'obras de arte'. Apenas suas maquiagens eram um pouco excessivas, seus comportamentos mais extremos, seus fantasmas mais cultos e suas referências mais sofisticadas do que as que se podia encontrar no rock".

As reivindicações por um individualismo e por uma singularidade faziam com que esses esnobes malucos se interessassem por tudo que fosse de "mau gosto". Nesse bolo, entravam as garage bands americanas com sua rudeza e minimalismo guturais. Como a inspiração em MC5, New York Dolls e Stooges era inequívoca para o Sex Pistols, essas figuras barrocas passaram a frequentar de quando em quando os shows do conjunto inglês. E assim a cena deu seus primeiros passos para um estouro real de revolução cultural.

A simbologia que o Sex Pistols trazia consigo alastrou-se rapidamente por Londres e por toda a Grã-Bretanha, fazendo com que o punk se tornasse uma verdadeira revolta social juvenil, talvez a mais séria do século XX. Não que o intelectualismo existencialista beat, nem o libertário pensamento hippie ou o black power do início dos anos 70 (para ficar em três bons exemplos) percam seus valores. A questão é que o punk, o movimento, veio a ser propulsado por um momento histórico da era contemporânea quando tudo conspirava para uma manifestação desse porte. O punk arrastara tudo o que viera antes e junto dele em termos de comportamento juvenil e estilo dada a situação econômico-social nunca antes tão nebulosa e sem perspectivas como a que se presenciava.

A *primavera dos punks* de 1977 foi, como se chama, uma *hora da verdade*. Ou se *criava* um punk, agitação e revolução social, ou não se fazia mais nada. O *sonho* dos Beatles já finara, os disco-people só queriam festejar sabia-se lá o que e as flores hippies se mostravam insuficientes e utópicas há muito tempo diante da estupidez da humanidade. O que fazer? Responder com a mesma estupidez, pô-la para fora, expor as veias purulentas e repugnantes de um mundo ridículo e desacreditado. Nesse estado de coisas, o real estouro do Sex Pistols aconteceu na sua própria casa: Londres. Mesmo com o boicote das tevês e rádios a suas músicas (ou talvez por isso mesmo), os Pistols lotavam os locais onde apareciam, movimentando toda uma esfera da sociedade até então refugiada e oprimida. Um dos clássicos do conjunto, *God save the queen*, canção-protesto contra o jubileu da rainha Elizabeth II, chegou ao primeiro posto de vendas quando do lançamento de seu single com o curioso porém que o nome da banda, por conter a palavra *sex*, não aparecia na lista das paradas, registrando apenas o título da música; o que, em contrapartida, redimensionava a mensagem irônica e corrosiva incutida na letra escrita por Johnny Rotten:

> Deus salve a rainha
> O regime fascista
> Fez de você um retardado
> Bomba-H em potencial

Deus salve a rainha
Ela não é um ser humano
Não há futuro
Nos sonhos da Inglaterra
Não diga o que você quer
Não diga o que você precisa
Não há futuro, não há futuro
Não há futuro para você

Deus salve a rainha
Nós queremos dizer isso, cara
Nós amamos nossa rainha
Deus salve
Deus salve a rainha
Porque turistas são dinheiro
Nossa revolta
Não é o que ela parece
Oh, Deus salve a história
Deus salve a nossa parada louca
Oh, Senhor Deus tenha piedade
Todos os crimes são pagos
Quando não há futuro
Como podemos estar em pecado?
Nós somos as flores no chiqueiro
Nós somos o veneno em seu sistema
Nós somos o futuro, você é futuro

Deus salve a rainha
Nós queremos dizer isso, cara
Não há futuro
Nos sonhos da Inglaterra

Sem futuro, sem futuro
Sem futuro para você
Sem futuro, sem futuro
Sem futuro para mim (...)[13]

É interessante e curioso perceber, entretanto, que o conhecimento em termos globais do Sex Pistols se deu quando entraram em turnê pelos Estados Unidos no ano de 1978. Em terras americanas, a banda teve toda a publicidade necessária para tornar-se um fenômeno comercial, o

[13] God Save the queen do álbum *Never mind the bollocks, here's the Sex Pistols.*

que se refletiu no número de cópias de discos vendidos: 800 mil em cinco semanas de turnê[14]. Na televisão, a banda aparecia todos os dias, e a excursão foi rodeada de histórias e incidentes que só vieram a multiplicar a (má) fama do punk-rock. Jovens americanos passavam a adotar o punk como modo de vida anarquista.

[14] No entanto, o Sex Pistols já havia se revelado um fenômeno de vendas desde seu primeiro single, *Anarchy in the U.K.*, lançado pela gravadora EMI em novembro de 1976. O compacto vendeu cerca de dez mil cópias por dia nas primeiras semanas (principalmente depois do polêmico episódio envolvendo o grupo no programa de Bill Grundy, quando Johnny Rotten pronunciou a palavra *fuck* ao vivo pela primeira vez na tevê inglesa) e posicionou-se no *top 10* das paradas de sucesso (Veja, 1977).

Aquilo já havia virado um fenômeno comercial de massas; fenômeno este incontrolável e não almejado para os integrantes do Sex Pistols, que logo se separam. A fama de desordeiros e a visualização quase circense que se começou a fazer em torno do grupo na mídia batiam de frente com os ideais políticos e ideológicos propostos de início. "Os valores estéticos e políticos do punk", diz Malcolm Barnard, "são incorporados e se tornam propriedade do sistema dominante e das classes dominantes". E desfecha: "O que começou sendo um desafio àquele sistema e àquelas classes é por elas tornado inofensivo". Foi quando dessa espetacularização em forma de baderna e palavrões que o Sex Pistols, estigmatizado, se dissolveu.

O que diferencia basicamente a fase inglesa do punk da americana é o senso de que se estava engendrando uma revolução cultural juvenil, desde o preparo empresarial de McLaren, as excursões bem divulgadas, a combatividade a qualquer outra expressão pop e a própria produção do vestuário dos artistas, ou seja, todo o marketing. Com McLaren, o punk virou um *empreendimento*. Tão forte foi o impacto da extensão europeia do punk que o movimento é conhecido até hoje mais por essa fase do que pela inicial americana. Os próprios termos *punk* e *punk-rock* ficaram popularmente conhecidos a partir desse instante como classificação tanto de um estilo de música quanto de grupo social e, sobretudo, de um *tipo* social. Personalizou-se punk aos jovens que daquela água bebiam, que adotavam as regras e valores da tribo que se criara no Reino Unido. Diferente do momento primitivo da cena, quando a terminologia batizava "aquela cultura americana underground de rock'n'roll que tinha existido por quase quinze anos com o Velvet Underground, Stooges, MC5, etc.", como entende McNeil. O que William Borroughs declara no fim da década de 90 é bastante elucidativo – e opinativo – quanto a essa questão: "Antes do Sex Pistols e do The Clash, antes de Malcolm McLaren armar seu *circo cínico* para a mídia, antes da música ficar toda politizada e discursiva, houve um punk americano que era pura emoção".

"Circo cínico"; refletir sobre essa expressão é ir ao âmago da ideologia punk. O que mais impressionava na mentalidade punk era a sua consciência de que estava trazendo à tona o monstruoso, o abjeto, o mal para causar uma cisão crítica que desestabilizasse a consciência social. Mais do que qualquer outro movimento cultural juvenil, o punk tinha na sua intenção primeira a desmistificação da sociedade do consumo e seu circo de espetáculos. E *comunicavam* essa desmistificação com algo tão mais grosseiramente espetacular e místico que chegava a mergulhar no irreal e no vazio total. Com isso, a todo o momento, ficavam entre dois estados ideológicos: um, irreal, fútil, fantasmático, mentiroso do que vestiam, do que cantavam, do que apresentavam; e um outro pregado no real, nos problemas e mitos mais profundos, na sujeira existente dentro de todos. Expunham um paradoxo que os situava como engendradores e instrumentos desse paradoxo que unia realidade e fantasma, verdade e mentira, inocência e esperteza, vigília e pesadelo.

Aí é que a expressão cunhada por Borroughs toma sentido: qual a única maneira de tornar público, de refletir esse comportamento tão paradoxal? O cinismo. Grande jogada de marketing de Malcolm McLaren! A começar por ele, todos os integrantes do Sex Pistols eram extremamente cínicos. Essa foi a estratégia abertamente consciente dos punks. Nas músicas, nas roupas, nas atitudes, na postura. Uma insolência que espetacularizava o *nada*. A propaganda e a arte dos Pistols eram do mais profundo – e grosseiro – nada. Como palhaços conscientes de seu papel ridículo dentro do picadeiro chamado *sociedade do espetáculo*, o Sex Pistols e os punks em geral, com desaforo e autoironia, buscavam *desencantar* a sociedade para lhe trazer de volta a uma ordem mais *natural*, sem hipocrisia, e faziam isso através do mimo do mal, o mal pelo mal, no qual o cinismo era o principal instrumento crítico; uma perturbadora, fria, onanista corrida para o abismo, sem perspectivas nem projeto.

De fato, o choque produzido por todo esse circo e sua divulgação massiva nos veículos de comunicação, principalmente os dos Estados Unidos, fez com que o punk se tornasse algo estigmatizado, o que facilitou sua recepção dentro da sociedade de consumo. Escolas, vitrines e ruas inundaram-se de motivos punks. Popularizador do termo *punk* entre os americanos, Legs McNeil chega admitir que, com o estardalhaço produzido pelo Sex Pistols depois de excursionar pela América, havia se criado uma marca tão forte que fazia com que esquecessem o pioneirismo do underground americano na criação do *punk*. "Não dava para competir com aquelas imagens de alfinetes de segurança e cabelo espetado", lamenta.

O punk, enquanto movimento inglês, tem como marco de seu término a dissolução do grupo Sex Pistols em 1979, mesmo que outros conjuntos contemporâneos a ele tenham continuado em carreira. O punk triunfava como moda e novo conformismo, no mesmo momento em que morria como estilo e ameaça. Até aí, o punk já havia influenciado jovens de todo o planeta, que adentraram os anos 80 com seus dizeres, protestos e espírito, propagando-o aos tempos atuais. "Até hoje, continuam surgindo bandas na melhor tradição punk", afirma o jornalista e cineasta brasileiro Carlos Gerbase, ex-integrante da banda punk Os Replicantes. A ideologia do punk, porém, se enfraqueceu, e seus significados achataram-se. Punks passaram a ser os revoltados normais, existencialistas e boêmios, que se encontram pelas ruas de qualquer urbe, engordando o campo de estudo da antropologia social ao serem postos no mesmo nível de outras *tribos* das sociedades modernas como esqueitistas, homossexuais, sem-terra, surfistas, índios, entre outros.

Nos anos 80, São Francisco, nos Estados Unidos, viu surgir o Dead Kennedys, banda liderada pelo controvertido Jello Biafra, que elevava o punk à classe de hardcore, vertente de definições políticas mais claras e incisivas e de som mais rápido e agressivo ainda. As bandas Exploited e G.B.H. davam continuidade à sina punk. Blondie, Talking Heads e B52's encabeçavam a vertente dançante e palatável do estilo com a new wave. Public Image Ltd. e Gang of Four *musicalizavam* o punk com o pós-punk. The Cure, Bauhaus e Joy Division tornavam fúnebre e sombria a melodia e tanto mais as letras das canções com o gothic punk. The Specials e Madness *pogueavam*[15] o reggae jamaicano, dando vida ao ska 2-Tone. Suicide, Ultravox e Depeche Mode adaptam o minimalismo punk a teclados e sintetizadores com o estilo *futurista*. Sinais dos novos tempos.

O exemplo da independência frente às grandes gravadoras tomava corpo agora, pois vários grupos como o Dead Kennedys produziam artesanalmente seus trabalhos, obtendo relativo sucesso mesmo sem estarem ligados aos grandes grupos da indústria fonográfica. Husker Du, The Cramps, Pixies e Sonic Youth são outros conjuntos que ajudaram a propagar o punk-rock, agora bem mais absorvido de outros estilos da cultura pop. O destino de muitas bandas que surgiram independentes, com o tempo e com a absorção do mercado, passou a ser as grandes gravadoras, que as tiraram da alternatividade e as contrataram, uma tendência ainda observada.

O punk tomou lugar dentro da indústria fonográfica a tal ponto que grupos musicais americanos como Green Day e The Offspring, to-

[15] Do termo pogo, dança característica dos punks que se popularizou em shows de bandas de rock por todo o mundo e que é comum em plateias jovens até os dias de hoje. Bollon descreve com maestria e em poucas palavras a dinâmica do pogo: "Fazia o vácuo à sua volta, em proveito de uma pura agitação desordenada, quase um motim em tamanho reduzido sobre o qual moças e rapazes saltavam ritmadamente de pés juntos (...) como incríveis ioiôs humanos ou bolas vivas de borracha, ao mesmo tempo que se empurravam uns aos outros numa briga confusa. Mais punk do que isso, como imaginar?". Bivar refere-se a esta dança punk

dos campeões de vendas de discos nos anos 90 (mesmo que em deficit qualitativo considerável se comparados a um Stooges ou Sex Pistols ou Television ou Siouxie & The Banshees), carregavam e carregam referências diretas à tipologia punk. Impossível esquecer, ainda, o *grunge*, movimento juvenil originado na cidade de Seattle, Estados Unidos, no início dos anos 90. Representado pelo grupo Nirvana, cujo líder era o talentoso e polêmico Kurt Cobain, incluía na sua música a inventividade, a agressividade, a estridência e a descomplicação técnica do punk.

Em 1996, aproveitando o revival da música punk gerada por essas bandas e outras, John Lydon, Paul Cook, Glen Matlock e Steve Jones reeditaram o Sex Pistols, assumindo descaradamente que a volta era apenas uma maneira de ganhar mais dinheiro, abiscoitando farta divulgação na imprensa e uma turnê de sucesso. O punk voltava à moda.

A ESTéTiCa PUNK

Numa cena do filme *Táxi driver*[16], do cineasta norte-americano Martin Scorsese, o personagem Travis Bickle, interpretado por Robert De Niro, contesta um cafetão com quem dialoga, "Sport" Matthew (Harvey Keitel), sobre a qual tribo ele, Bickle, pertencia. Matthew lhe chama de caubói, e Bickle retruca, explicando que é um punk. O personagem de Keitel ri e não se convence; claro, afinal, De Niro está realmente vestido muito mais para um vaqueiro urbanizado do que para punk: não há rasgos,

tal como se observava na época de seu *invento*, creditado a Sid Vicious: "Arrancar as correntes e dançar segurando-as fortemente na mão e dando correntadas diretas em volta de seu espaço. (...) É um pouco aquilo que os gregos chamavam de *catarse*: soltar os demônios, esvaziar-se, exorcizar-se, para começar de novo". Afora as diferenças de descrição da coreografia do pogo, ambas aceitáveis e corretas, visto que a própria criatividade e a liberdade desse *bailado* não deixam que se componham passos e gestos coreografados, é mais fiel e próxima do que se observa hoje a versão de Bollon. A dança, tanto no seu nascimento quanto hoje, na verdade, acompanha mais a rapidez e o agito da música (punk ou inspirada neste estilo de rock) do que necessariamente o ritmo.

16 O filme, produzido em 1976, conta a história de um taxista ex-combatente do Vietnã que, ao voltar da guerra, tenta se reinserir na sociedade, o que o faz

passar por uma séria crise psicológica quando entra em contato com o submundo decadente e com a hipocrisia da vida "oficial" norte-americana. A obra de Scorsese recebeu a Palma de Ouro no Festival de Cinema de Cannes, França, em 1977.

nem sujeira proposital, nem motivos militares, quanto menos um cabelo de corte moicano (visual que, no decorrer do filme, Bickle acaba por adotar). Está o taxista, sim, com uma camiseta básica branca, uma camisa xadrez rosada relativamente engomada, calças jeans justas ao corpo, botas de couro marrom tipo caubói e cabelos penteados com normalidade. Nada do estilo punk.

A passagem do filme é reveladora em alguns aspectos quando se reflete sobre o modo de vestir dos punks nos Estados Unidos. Primeiramente, pela concomitância histórica entre o filme e o movimento, uma vez que o longa-metragem foi produzido em 1976, no auge da efervescência do punk. A essas alturas, o fenômeno sub já havia eclodido na Inglaterra, e seus ventos atingiam várias outras partes do mundo ocidental, como países europeus (Alemanha, Itália, País de Gales, Islândia), e das Américas, como Brasil, Argentina e Estados Unidos, de onde havia se sugado muitas das ideias formadoras. Ou seja, no refluxo da moda, os jovens americanos desinformados passavam a apreender aquela movimentação como sendo apenas mais uma tribo, mais um grupo com sua indumentária, assim como os hippies, os disco-people, os mods ou os funks.

O efeito massificador da indústria cultural fazia com que o punk voltasse às ruas norte-americanas como uma simples onda complementar daquele sistema cultural, sem perceber nem lembrar que muitos dos elementos presentes nos novos punks haviam sido criados em terras americanas desde a metade dos anos 60. O punk ali estava se dando como um sintoma, uma inflamação da sociedade de consumo; era produto direto dela e não combativo a ela. Uma avalanche de fotografias de moda invadiam as vitrines grã-finas da Quinta Avenida com o agora chamado *terrorist chic*. Criavam-se então os chamados *punks de butique*, linha puramente modística que usufruía a estética punk só para posar. Nessa fase, para McNeil e McGain, o punk original havia morrido, noutras palavras, "quando esse se torna manchete de jornais e uma nova onda para os retardatários". Danny Fields concorda com tal opinião ao afirmar que se perdem as referências "quando a música sai da seção de música para a capa do jornal".

É evidente – e perfeitamente normal – a descrença do cafetão Matthew de *Taxi driver* quando o taxista de Robert De Niro diz ser punk e não caubói na cena aqui reproduzida em palavras. Porém, a sua não-parecença em termos de visual com o dos ditos punks é sintomática se for analisada a face muito menos estética dos punks norte-americanos surgidos nos anos 60 em comparação aos ingleses. Esses últimos levavam sua *moda-punk* muito mais a sério que os primeiros. Os jovens americanos que criaram aquele estilo de vida e que emprestaram suas nuanças à cena europeia não raciocinavam em torno de uma única preocupação estilística.

Nos anos 60, certos jovens universitários norte-americanos engajados na contracultura (ou simplesmente alheios à cultura de massas) já mantinham uma fama de rebeldes e niilistas parecida com a que os punks sustentariam uma década depois. Alguns desses bandos, assemelhando-se a gangues, eram desordeiros marginais ou simplesmente contrariados com o sistema. De alguns desses jovens saíram grupos musicais de rock básico (as primeiras garage bands que vieram a inspirar os punks logo em seguida), tais como o Seeds, Kinks, The Sonics e The Shadows of Knight. Seus estilos ao vestir, fora um desalinho ou outro, eram, no entanto, tão caretas quanto o dos seus colegas CDFs de universidade. Produzido em 1978, o filme de comédia *O Clube dos Cafajestes*[17], do cineasta americano John Landis, retrata com riqueza o ambiente amoral e antiestablishment desses pioneiros da rebeldia dos anos 60. No filme, um grupo de jovens, a Fraternidade Delta, só faz causar desordem dentro de uma faculdade conservadora e ultrapassada ideologicamente. Embora não deixe escapar de mostrar o tipo roqueiro *teddy boy*[18], nenhum outro estilo em especial é notado na maioria dos personagens, mesmo os integrantes da Delta, os punks da história. O interessante é que a questão desse conflito (ou a ausência dele) entre aparência e atitude parece ter obtido seguidores na cena nova-iorquina dos anos 70. A banda Talking Heads, por exemplo, mantinha um visual tão simples e pouco trabalhado quanto o desses jovens sessentistas, mesmo na época de maior efervescência do movimento punk. Aliás, dizem os ex-integrantes da banda que usavam as roupas que seus pais os presenteavam no Natal e que davam pouca importância a um visual esteticamente produzido e pop.

Arrisca-se dizer, portanto, que o tipo de envolvimento dos undergrounds nova-iorquinos

[17] *National Lampoon's Animal House* (1978). O filme se baseia em em histórias da hoje extinta revista cômica National Lampoon, publicação do underground norte-americana dos anos 60 encabeçada por Leonard Mogel.

[18] O personagem Dave Jennings, interpretado por Donald Sutherland, é o mais radical do grupo em termos de estilo: de auto-higiene duvidosa, veste luvas de couro de motoqueiro sem as pontas dos dedos e usa um colete marrom também de couro, contrastando com um bigode pontudo estilo anos 10 e com o cabelo empapado de gel. Outro, John "Bluto" Blutarsky, vivido por John Belushi, parece a todo instante ter acabado de sair do lixo. Aliás, sua familiaridade

com suas atividades os fazia muito mais punks de emoção do que punks de estilo. Não que a geração seguida pelo Sex Pistols fosse menos ou mais atida à ideologia punk pelo fato de fazerem questão de externar no corpo o que criavam, nem que a aparência denotasse menos entendimento dos ideais de resistência propostos. Apenas é salutar esclarecer que as duas fases se distinguem: na nova-iorquina, multiplicidade de expressões; na londrina, formação de um tipo mais uno e característico de compor-cantar-apresentar-dançar e de compor códigos estéticos. Mais do que isso (e talvez seja a explicação mais plausível): em Londres, a *festa* era conscientemente armada, enquanto que, no underground da Big Apple, o movimento era quase que um pastiche mal-humorado. Ambas as fases, todavia, expressavam um perigoso *nada*, deflagrador de uma absoluta e profunda cisão das ideologias.

Outra coisa, entretanto, faz a ponte indiscutível entre os dois momentos históricos da cena: a capacidade de invenção e a idealização de um estilo de vestir tão anticorporativo e independente, tão *faça por si mesmo* quanto o que se fazia em música. E, da mesma forma que a música punk afetou a indústria e o mercado fonográfico, a moda cunhada pelos punks também passava a injetar esse conceito libertário nos mercados têxtil e de confecção. Não se dependia mais necessariamente de aguardar as criações saírem prontas das maisons ou da imaginação de um estilista profissional. Todo mundo fazia as suas próprias roupas, e todos bancavam ser seus próprios estilistas. Para Barnard, o modo pelo qual

com o lixo é tamanha que come restos de comida sem nenhuma etiqueta e, mesmo que não estivesse dentro de um latão (coisa que o faz com naturalidade), aparece sempre com camisetas suadas e engraxadas, casacos de couro preto surrado e calças e sapatos velhos tanto quanto.

o punk fez para desafiar e contestar o sistema capitalista foi "chamando a atenção para a falta de naturalidade nos conceitos de beleza da classe dominante, mostrando que são coisas já cogitadas por pessoas que já divisaram concepções alternativas". Era possível ver, no uso de correntes de privadas, sacos de lixo, alfinetes de segurança, tecidos de pouca qualidade e baratos, naqueles modelos vulgares e de cores irritantes, uma agressão ideológica aos valores estéticos das classes dominantes e do próprio capitalismo. "Os panos, cores e desenhos só são baratos, vulgares e desagradáveis para um grupo particular de pessoas e, ao empregá-los para construir uma série de imagens punks, o punk pode ser visto como opondo-se aos valores daquele grupo particular de pessoas", completa Barnard.

De fato, o que os junkies alternativos dos becos e bares da decadente Nova Iorque vestiam não importava tanto – ao menos, não *somente*, como para os punks de butique – quanto o que eles propunham em suas criações sonoras, visuais, teatrais, literárias, etc. "Não vi estilo em Iggy", revelou Malcolm McLaren em uma entrevista presente no livro *Mate-me, por favor – uma história sem censura do punk*. Não que o estar na moda fosse relegado dentro da atmosfera da tribo – pelo contrário. A constituição de sua moda era exatamente a multiplicidade: da escatologia das drag queens, do hiperglamour kitsch do glitter ao minimalismo visual e o dandismo mod – tudo contribuía. O que importava na vestimenta e nos adornos – assim como para tudo no grupo – era o impacto, a sensação de inovação constante. Muitas vezes, não interessava a forma, e sim a simbologia. No fundo, era um estetismo generalizado, que prenunciava a morte da utopia e a descrença na existência de uma realidade indubitável ou em qualquer tipo de progresso social. "O simulacro da realidade", como destaca Bollon, "tomava o lugar da própria realidade para forjar uma espécie de aparência pura que não se sabia mais se era *verdadeira* ou não. Um curioso jogo *perverso* com a realidade que assinalava profundamente a falência absoluta dos valores da *autenticidade*, da *simplicidade*, dos *sentidos*, dos anos 60".

Pois a ponte e ao mesmo tempo a absorção de todos os estilos que desembocaram na moda-punk começaram na figura de David Bowie. Através de seus estilos glitter e glam do início dos 70, com sua maquiagem aperfeiçoada, elegância cintilante e uma requintada aparência estética, revelou maiores opções de uma moda unissex e propositalmente carregada. Cético, desacreditava no sentido e na realidade: só lhe valia a aparência. Tudo em Bowie era estilo, o que se percebia na sua indumentária ultradândi, barroca e camp. Seu passado mod, os anos 50, o cinema expressionista, a Berlim decadente e suburbana, os anos pré-nazismo, o dandismo de Brummell, a androginia, a estética dos cabarés, tudo lhe era alimento para a formação de um estilo pessimista e decadente, cerebral e imaginário. Criava uma mitologia na qual nada era em vão; em cada máscara sua, vinha um *efeito* estético e fantasioso.

Enquanto mods e rockers se digladiavam e se insultavam, Bowie saiu de um estilo pré-hippie para ser o catalisador do encontro entre estas duas referências de estilo da época, uma ultra-elegante e outra ultralúmpen. Como um *stylist* (palavra muito em voga nos dias presentes, através da qual Bowie e os glams se autoclassificavam), juntou os fragmentos estilísticos mods, rockers e de todas as subtribos da Swingin' London e do underground nova-iorquino, além de seu próprio ideário, e os organizou. Disso, surgiu um vestuário exagerado, absurdo, inventivo e tanto mais ambíguo que contaminou, primeiro, o Bromley Contingent e, mais tarde, os punks ingleses. Da ambiguidade, a decadência; da decadência, a desilusão; da desilusão, a dor; da dor, o cinismo provocativo da estética punk. Bowie dizia que empregava os sentidos (e a falta de) da adolescência como um pretexto para brincar artisticamente com suas imagens, e não com suas realidades. Do mesmo modo, o punk encenava um teatro tão mais irreal e caótico que reproduzia tudo aquilo que o rodeava.

Desse universo múltiplo, o grupo New York Dolls e o cantor e compositor Richard Hell criaram *seus* estilos. Esses dois são os que basicamente lançaram o modo punk de se vestir, a moda-punk, tão influente para Malcolm McLaren e para os seus adeptos londrinos. Os Dolls, em sua fase áurea (primeira metade dos anos 70), chocavam a todos nos shows com a união de uma música rápida, violenta e berrada com a falsa docilidade de suas maquiagens borradas e seus ultrajes femininos extravagantes jogados sobre os corpos e rostos másculos dos integrantes da banda. Os "Bonecas de Nova Iorque", parecendo mais um ajuntamento de prostitutas do subúrbio, tiravam inspiração no rock glamoroso de Bowie. Depois, Richard Hell, cuja figura foi tão admirada e copiada por McLaren. "Ao ser inspirado por essa imagem, eu iria imitá-la e transformá-la em algo mais inglês", relembra o empresário. Com isso em mente, sua loja Sex reunia os looks do punk, tornando-o agora comércio. *Vendia-se* punk.

Enfim, o punk *punk*. Verdadeiros sonhos, ou melhor, pesadelos. Sua preferência por tudo que era sórdido, vicioso, doente, sádico, cruel, perverso estava ali, materializada, dos pés à cabeça. Eram anticristos, depravados, transviados, bandidos que saíam da Sex prontinhos para invadirem Londres como quem acabara de chegar de uma briga de rua ou de um esquartejamento quão rasgadas, laceradas, esburacadas e sujas eram suas roupas. O preto e branco constante representava a ausência de cores da vida, somente quebrada com as manchas coloridas (verde, vermelho, azul, lilás, etc.) dos cabelos de índio moicano. Brancas ao extremo, suas peles pareciam nunca ter visto um raio de sol (odiavam a claridade). Os dentes escurecidos e repugnantes revelavam-se nos sórdidos e assustadores sorrisos deformadores de suas expressões faciais.

Couro, skai, borracha. Tudo em preto, das luvas eriçadas de pontas de aço afiadas (parecendo de carrascos medievais), munhequeiras e cintos aos blusões. Muitos pregos, alfinetes enfiados nas roupas e nas orelhas e bochechas. Giletes e cadeados como colares. Alguns buscavam no universo das taras sexuais sadomasoquistas máscaras de estupradores e capas de exibicionistas – e as usavam. Havia os que, ficando irreconhecíveis e deformados, punham meias de mulher sobre os rostos. Outros, ainda, fechavam-se dentro de camisas de força, imobilizando os próprios braços – e caminhando pelas ruas com tal naturalidade que parecia-lhes que nada diferente estava acontecendo. Alguns chegavam à automutilação, crivando seus rostos com alfinetes de fralda emendados, com cacos de garrafas ou cigarros, ou mandando tatuar em suas faces suásticas, números de condenados, matrícula de desempregados e slogans *No future, No escape*. O personagem Odradek, do cruel e sarcasticamente intitulado conto *A preocupação do pai de família*, de Franz Kafka, um ser metafórico de formato e existência indefinidas relegado à indiferença e à mais baixa consideração moral, parece tomar vida tamanha inclinação à deformidade ou à negação da forma daqueles punks.

A caracterização mais consensual e abrangente da indumentária punk pura encontra-se na *Enciclopédia da moda*: "Estilo que surgiu em Londres, em meados da década de 70, entre os adolescentes, empregados e estudantes. Os penteados para homens e mulheres incluíam cabelos curtos, em geral com faixas raspadas; ou cabelos mais compridos, com gel, penteados para trás, tendo as pontas espetadas e sendo tingidos de vermelho, verde, roxo ou amarelo. Os rostos eram pintados de branco leitoso, e olhos contornados de preto. A roupa punk visava atrair a atenção e assustar. Calças rasgadas expunham a pele; as saias eram curtas e possuíam rasgos. Jaquetas pretas de couro, em geral tacheadas, dominavam a cena. Usavam-se correntes para prender uma perna folgadamente à outra ou em volta do pescoço. As camisetas tinham slogans pintados grosseiramente. Outros acessórios incluíam camisetas regata e largos braceletes de aço. Alfinetes de segurança eram ou utilizados para prender a roupa ou dependurados no nariz e nas orelhas. Preto, cor de rosa e laranja eram as cores preferidas, sendo com frequência usadas juntas."

Também é de destacar o modo como Seeling vê a moda-punk, salientando sua criatividade bruta: "Na sua falta de gosto chegavam a parecer com a geração disco, mas enquanto aqueles tinham mais de trinta anos achavam que o feio e ridículo era divertido e encantador, os punks agiam de forma provocante. (...) Os punks substituíram o love and peace pelo sex and violence, e tudo o que era natural por uma artificialidade gratuita. Fora com o algodão, viva o plástico! Tudo o que não combinava era conjugado: cabeleiras vermelhas e verdes sobre caras pálidas de criança, cadeados de casas de banho, tampões e alfinetes de ama são usados como bijuteria de casacos de couro, com a cruz suástica e caveiras. Por baixo, roupa interior de renda das sex shops. Na surpreendente coexistência de objetos, *deslocados*, as combinações mais extraordinárias atingiam por vezes uma qualidade surrealista, que nos faz lembrar o movimento dada".

Estética das seringas

A fama de drogados e delinquentes é própria dos junkies, e essa classificação vale tanto para os punks da América quanto os da Europa. Sob força avassaladora, a estética putrefeita e decadente do viciado se tornou não só elemento do estilo e do visual dos punks como também, em certo aspecto, representativa de todos os outros possíveis estilos – o rebelde, o dadaísta, o surrealista, o sadomasoquista, o decadente, o depravado, o pobre, o desleixado, o antimilitar, o subnutrido, etc. Estava na podridão e na repugnância de suas aparências; nas veias saltadas e azuladas de tanta injeção de agulhas com heroína nas peles doentiamente pálidas; nos hematomas provocados pelos picos nos antebraços, nas pernas e até na barriga; no desmazelo com qualquer bom-gosto; no relaxamento com o cuidado com o corpo e o organismo; na falta de higiene pessoal; no semblante grogue e no andar cambaleante; na postura cética, arrogante e, ao mesmo tempo, entediada.

As drogas, das pesadas às leves (maconha, speed, anfetaminas, vinho barato, cola de sapateiro, cocaína, LSD, benzina), das contrabandeadas às legais, das caras às vulgares, formavam no punk junkie um estilo redutor de um tipo esquizofrenicamente doentio – e, paradoxalmente, autoquestionador e criativo. Enfim, o tipo chapado é a representação estética concisa do *paradoxo real versus irreal*, da declinação perversa da realidade em superficialidade. O velho cinismo dos punks podia ser encontrado nesse estilo que berrava: "Olhem o quanto eu, enquanto sintoma e vítima desta sociedade doente, me visto de maneira tão decadente como ela!". E, ao mesmo tempo, bradava: "Quão ridícula e irreal que é essa mesma sociedade que eu chego a representá-la da maneira mais decrépita que ela própria sociedade possa achar!".

Desse modo, as roupas todas passam a ter forte influência desse barroquismo artesanal do estilo punk, fazendo surgir peças desfiadas e com as costuras mostradas pelo lado de fora. Tanto o exemplo do feitio caseiro quanto o descosturamento das roupas passam a exercer forte influência sobre a moda a partir de então. A customização do jeans também era uma das características do grupo. Calças, saias, cintas-ligas, paletós, camisas, casacos, enfim, "peças compradas a preço mais baixo que o da banana, nas vendas das manhãs de sábado nos fundos das paróquias", conta Bivar. "Roupas de segunda mão", conclui, que os punks "usam do jeito que são encontradas ou dando um trato pessoal nelas, arrancando pedaços aqui e ali, acrescentando manchas, mensagens e símbolos, alfinetes e correntes".

Certamente, todo esse fator estético-visual foi dos motivos de paixão de Malcolm McLaren por Richard Hell; e é esse mesmo fator que Iggy Pop, ao se apresentar totalmente drogado nos shows, cortando a si mesmo com cacos de vidro sobre o palco, manifestava performaticamente. Sid Vicious e sua namorada, Nancy Spungen (ambos bem caracterizados no filme *Sid & Nancy*, de Alex Cox), pareciam encerrar todos esses elementos estéticos punk e, por isso mesmo, o de drogados sem rumo. Procedente daquela classe média inglesa dos anos 70, o casal, talvez por isso, tenha se tornado ícone desta estética no cenário pop.

Deus está rasgado

A calça rasgada principalmente na altura dos joelhos simboliza um ferrenho ataque a uma das instituições mais recriminadas pelos punks e, certamente, uma das mais controversas diante dos pensantes: a Igreja Católica. De um modo geral, todo e qualquer fanatismo religioso seria alvo do punk. No entanto, a Igreja, com seu histórico de séculos de poder político e econômico, crimes contra a humanidade e ditames morais que só lhe favoreceram, acaba por ser o centro da ira punk. A calça rasgada nos joelhos, assim, representa a apatia e o conformismo impostos pelas religiões a seus fiéis, ajoelhados em genuflexórios e aguardando pelo milagre do céu em vez de fazerem alguma coisa para reverter o inferno que é o planeta.

Essa cultura de massas imposta muitas vezes à força pelo catolicismo através da história tornou-se, sem erro, responsável por uma série de sintomas e malefícios na psiquê da sociedade ocidental, com repercussões fortes ainda nos dias atuais. Noutras palavras, a massificação e a proliferação dessa mentalidade dominante e alienante refletem-se, sob várias facetas, na indústria cultural do último século. Rasgar os jeans ou já comprá-los esfarrapados num brechó é, em resposta a esse Deus cristão fajuto, muito mais do que mau gosto ou desleixo. Cada fenda de um jeans, enfeitada pelos desordenados e esvoaçantes fios esbranquiçados da fibra do tecido, carrega séculos e séculos de significado de uma estúpida sociedade que se mantém curvada diante dos obstáculos da vida, tal como querem religiosos, governantes, militares e a elite dominante.

O fetiche deliberado

Outra importante barreira ultrapassada e advinda com a moda-punk é o fetichismo. A incorporação de elementos extraídos dos filmes e revistas pornográficos, da bizarrice do submundo urbano e da iconografia ilícita do fetiche sexual (meias arrastão, sapatos pontudos, saltos agulha, lingeries aparentes, espartilhos, alfinetes, capas de borracha, etc.) foi outra porta aberta pelo punk para a indústria da moda. A butique Sex se encarregava de fornecer artigos para pessoas ligadas às mais diversas formas de perversões sexuais, como o casal McLaren-Westwood proclamava. O livro *Fetiche: moda, sexo & poder*, da historiadora americana Valerie Steele, traduz com riqueza mais essa inovação quando diz que "o *estilo rebelde* punk era deliberadamente um *estilo revoltado* que incorporou à moda vários objetos ofensivos ou ameaçadores, como coleiras de cachorro e correntes, que foram concebidos para aterrorizar observadores *caretas*".

A apropriação da moda-punk desse universo proibido é por Valerie ressaltada nessas palavras: "Alfinetes de segurança eram (...) usados como ornamentos horripilantes atravessando a bochecha, a orelha ou o lábio. Tecidos 'baratos' e vagabundos (plástico, lurex, etc.) em estilos vulgares (por exemplo, imitação de pele de leopardo) e cores *agressivas*, há muito tempo descartadas pela corrente qualitativa da indústria da moda como kitsch obsoleto, foram salvos pelos punks e transformados em roupas (...) que ofereciam comentários autocríticos sobre as noções de modernidade e de gosto".

Pois Nancy Spungen era o arquétipo do desejo de depravação fetichista das moças punks. Ela parecia a própria puta da zona mais ralé de Londres, ou mesmo uma prostituta dominadora, escrava dos mais baixos desejos sexuais, ou amante tirânica. Difícil ser ou parecer mais vulgar que as meninas do movimento, pois pareciam ter saqueado uma seção de lingerie de uma sex shop.

Nancy era a própria descrição de Bollon para as moças punks: "Exageradamente maquiadas, (...) usavam corseletes e blusas decotadas de taberneiras de saloon ou bordel, que comprimiam e realçavam o busto, e minissaias tão curtas que revelavam a pele leitosa de suas coxas acima da liga de mau gosto que prendia as meias rendadas em grandes buracos irregulares feito mendigas. Todas se empoleiravam sobre saltos agulha instáveis que usavam sem a mínima feminilidade, andando com largos passos ou cobrindo as pernas com espetaculares escarcelas de motociclistas de cor preta luzidia".

No dicionário dos sinais fetichistas, atribui-se, conforme levanta o neuropsiquiatra italiano Renato Sigurtá, autor do artigo *Delineamentos psicológicos da moda masculina*, que a adoração pelo sapato feminino significaria, psicanaliticamente, um reencontro na mulher de um pênis que lhe permite afastar a imagem angustiante de castração social e psicológica. Há quem diga também que a gravata foi inventada para estabelecer castas e posições sociais ou para tapar os botões das camisas dos homens, pois mostrá-los seria um gesto indecente. Por mais que a peça tenha se difundido ao longo do século XX em diversas situações bastante longínquas desse pudico pretexto, coube ao punk recuperá-la de forma brilhante. Independentemente da referência, as mulheres punks usavam gravatas com as mais esquisitas combinações. Gravata masculina fio de arame de brechós baratos, velhas e com nós soltos e torcidos, iam com camisas masculinas soltas e bem largas. E só. No máximo, uma sandália de salto agulha para finalizar a ousadia.

Militar não-militar

Outra forte contribuição da moda-punk que passou a fazer parte da gramática dos estilistas de moda: roupas e artigos militares. De novo, por sua postura de oposição e condenação, o punk pegava toda a falta de sentido das guerras e dos seres militares e jogava no seu palco, literalmente rasgando as peças, sujando-as, emporcalhando--as. Crítica mordaz ao autoritarismo, aos exércitos, às polícias, às milícias, aos governos imperialistas e a toda forma de imposição armada.

Ridicularizavam o verde-musgo, o marrom--terra e as manchas pretas de camuflagem predominantes na farda militar, como uma metáfora da única coisa possível de ser feita com a estupidez do militarismo. Como cometê-lo? Quebrando os sentidos. Algo muito além do que já havia se visto no Sgt. Peppers dos Beatles ou nos casacos de Jimi Hendrix nos anos 60. Tamanha era a criatividade espantosamente torpe dos punks que sobrepunham símbolos militares e tabus sem nenhum pudor. Nas ruas londrinas, alguns punks usavam uniformes e bonés da Wehrmacht com braçadeiras nazistas. Outros, suásticas vermelhas e pretas nazistas com distintivos soviéticos em cirílico, ou a cruz de ferro do Terceiro Reich com imitações grosseiras da Ordem de Stalin, ou ainda o retrato rasgado e malcolado da rainha Elizabeth ao lado de ícones pornográficos.

O fator econômico, motivador daquele espírito *faça você mesmo*, aqui também pesa: muitas vezes em idade de prestação de serviço militar, ou recém-saídos dele, os jovens, sem dinheiro (nem a mínima vontade) para adquirir roupa de grife, acabavam por usar as que os uniformizavam nos quartéis, passando, agora, a reciclá-las com suas peculiaridades. O uniforme (elemento presente também no fetichismo, só que sob outro enfoque) tomou a conotação de ridicularização da pátria, e não a de proteção a ela. Foi aí que os coturnos, ultimamente tão difundidos, conheceram de perto a moda. A democratização e a criatividade do punk tornaram o coturno unissex um dos principais amigos das passarelas.

Estamparia estapafúrdia

A estamparia também deu suas caras democratizantes com o punk. Eram amantes das pichações sujas, rabiscadas e bestiais e da tipografia de tabloides vulgares londrinos, os quais traziam letras garrafais escandalosas em títulos não menos estapafúrdios. Todos os tons e as caligrafias possíveis estampavam camisetas com os dizeres monossilábicos *No, Chaos, Hate, War, Anarchy*, mais *Fuck, SS* (símbolo da polícia nazista), *Boredom*, ditos que se misturavam em colagens e sobreposições ordenadamente desordenadas. Pareciam, em seus corpos, com seus próprios fanzines, as revistas alternativas que publicavam em cópias de xerox carregadas desse grafismo cheio de sinais, símbolos e letras de todo tipo, propositadamente mal recortadas e agrupadas.

Representavam, com todas as forças, a desordem e o caos da contemporaneidade.

Maquiagem na cara

"Os olhos manchados por um rímel espesso de má qualidade e às vezes cercado por uma espécie de máscara de fantasma das histórias em quadrinhos, desenhada com lápis preto cremoso diretamente na pele, os lábios coloridos em púrpura ou azul sombrio e os dentes como cheios de tinta", assim Bollon descreve as neodepravadas moças punks, que, mais do que se pintarem, faziam questão de que a pintura aparecesse. Os lábios, escurecidos de batom barato, nelas e neles. Revolução para o mercado de cosméticos, que tão mais que as cores luminosas dos disco-people, teve de passar, depois do punk, a uma maior democratização de seus produtos.

Os cosméticos eram usados igualmente por homens e mulheres, revelando sinais de construção própria tal como as roupas e os acessórios. O Bromley Contingent frequentava todos os dias a loja Sex e se agrupava no apartamento de Siouxsie Sioux para brincar com o visual punk. As meninas com maquiagem tipo *cat-woman*, com grossos traços pretos puxados para cima nos cantos dos olhos combinando com o rosto pintado de branco – ou nem isso, dada a brancura de suas peles. Batom? Fosse preto ou vermelho indecente, mais lambuzavam os beiços do que os contornavam. As unhas, quando pinceladas, eram escuras. Havia os que, como o grupo inglês The Stranglers, imundos e mal barbeados, usavam a sujeira da falta de banho como maquiagem natural. Outros, tal a também banda britânica Damned, como saídos de um filme B de terror que glorificavam, pintavam os rostos de branco e maquiavam-se em traços que lhes faziam parecer morcegos.

Cabeças radicais

Classificar os cabelos dos punks de bizarros, hoje, pode suscitar certa discussão. Afinal, por mais esquisitos, disformes, despenteados e coloridos, eles talvez sejam os maiores inspiradores do mercado hair mundial atual. Com naturalidade, os homens e as mulheres da onda punk exibiam cabelos cortados numa variedade infinita de estilos estranhos. Dos quase raspados aos clássicos moicanos porco-espinho ou em faixas baixas que se estendiam do fronte até a nuca, passando pelos tosados, pelos tufos irregulares e pelo arrepiado total. Não raro era, nos primeiros punks de Nova Iorque, um "comportado" corte mullet (visto em bandas punks como Modern Lovers, Dr. Feelgood e Talking Heads) ou até curtos e relativamente bem cortados (como dos integrantes do grupo inglês Jam).

Já nos punks de 1977, os penteados eram programadamente despenteados, preparados de uma forma que pudessem ser arranjados no próprio banheiro de casa. Descoloridos, acompanhando a monocromia das roupas e das peles brancas; porém, eram as endoidecidas cores que davam a seus cabelos um aspecto ainda mais excêntrico e surrealista. Rosa-choque, verde-limão, preto-retinto, alaranjado-brilhante, vermelho-sangue, roxos, amarelos, azuis; nunca a paleta de cores teve tanta liberdade nos tingimentos de cabelos.

Aliás, o corte moicano – também conhecido como porco-espinho – merece um parágrafo à parte. Esse cabelo, com os lados raspados, topete espetado a gel e, geralmente, pintado com cores inusitadas, foi inspirado no estilo de cabelos dos índios de uma tribo americana homônima do norte do continente americano, uma das primeiras civilizações a serem dizimadas pelos europeus colonizadores daquela região. O corte foi introduzido com o devido comprometimento ideológico no alfabeto da moda-punk. Isso porque, ao usar o moicano, o punk, relembrando a coragem daqueles índios que, em 1622, levantaram-se para defender sua terra até a morte, repudia o massacre das minorias, gerado sempre pela força, pela violência e pela intolerância para com os mais fracos.

Sórdidas bugigangas

No primeiro posto dos acessórios, os cadeados e as correntes; presos ao pescoço, refletem a repressão existente para coibir a liberdade de expressão, seja da polícia ou do poder judiciário, que dizem agir em nome da ordem, mas que muitas vezes reprimem e condenam manifestações legítimas de movimentos sociais. Remete, ainda, à mídia e à imprensa, cúmplices da desigualdade no mundo. Caveiras em metal endurecido, crucifixos (invertidos ou não), giletes, alfinetes de fralda amarrados como rosário – numa referência negativa à Igreja –, chupetas, anéis, pequenos esqueletos e o que mais pudesse conviver e criar estilo. Braceletes de aço, munhequeiras de couro ou de borracha, alfinetes de segurança presos nas roupas ou cravados no nariz, nas orelhas e nas bochechas. Barnard percebe com clareza que "correntes, sacos de plástico e alfinetes não são usados pelas classes dominantes como decoração, roupa ou joia, nem necessariamente usadas nas partes do corpo em que as classes dominantes colocariam decoração ou joias [rosto, orelhas, peitos, lábios, etc.]".

Quer dizer: o punk trouxe à moda toda uma nova parafernália de artigos possíveis e impossíveis de serem moda. A exemplo do que o artista plástico francês Marcel Duchamp fizera com a arte ao inserir elementos até então inimagináveis, o punk, ao extremar a distinção do que é indumentária e o que não é e ao incluir o que pode e o que não pode ser estilo, agiu com força e potência semelhantes às de Duchamp dentro do domínio da moda.

A agressão consciente é comum a todas as fases do punk; e é essa a intenção da sua indumentária. No limite de todos os movimentos de estilo, o punk é o que mais capta a falsa noção de mensagem que se possa atribuir aos movimentos de estilo. "Para eles, o estilo é apenas o exutório concreto de um desejo, de um sonho, de um mal-estar irracional, indefinido, quase indizível", aponta Malcolm Barnard. Na verdade, "o estilo assinala suas existências", e o seu discurso será sempre posterior e autoexplicativo. Quer dizer: o estilo punk pré-existe ao seu discurso uma vez que o "seu registro não é o da razão ou o da linguagem articulada, e sim o da *imagem*, insondável por definição e nebulosa – plural – quanto ao seu sentido". Noutras palavras, "o discurso não faz mais que extrair o *não-dito* que o traje contém e que existiria sem isso". O que o personagem punk Travis Bickle de *Taxi driver* quis dizer com as roupas não--punks que trajava era exatamente o quão punk ele era, pois tão indizível era seu sentimento (punk de emoção) de contrariedade à sociedade que somente um estilo sem estilo ou inverso ao punk (representado, naquela situação, pelo tipo caubói) conseguiria dizer.

O punk, no que se poderia chamar de estilo puro, sobrevive até hoje, porém de modo mais isolado e fechado. Há estilistas especializados nessa indumentária como o brasileiro Heitor Werneck, que mantém uma loja com artigos e roupas bem no estilo, vendendo para um público eclético. Produz-se e comercializa-se dentro de um mercado à parte, fora da sociedade de consumo numa ordem direta, mesmo com eventuais desvios a essa lógica. Mas o que importa nesta análise é, como o título bem diz, a influência do movimento punk nas coleções de moda.

Pode-se adiantar, pois, que o fenômeno punk do Sex Pistols e de grupos afins fez com que a Inglaterra, em termos de moda, voltasse a ser referência de alternativo, diferenciando-se das requintadas e glamorosas Paris e Milão e da abastada Nova Iorque nesse setor. E é a injeção dessa estética na moda industrial, capitalista e individualista que, no presente momento, carece de observação. Em outras palavras: avaliar a potência de sua disseminação, explicando como a moda dos punks veio a se mesclar com outros estilos do mundo fashion em coleções de Gaultier, Versace, Ungaro, Valentino, Sui, Mugler e tantos outros.

HIPPIE, PUNK, RAJNEESH

História da moda moderna

Música da banda punk brasileira Os Replicantes presente no primeiro álbum do grupo, *O futuro é vortex*, de 1986, produzido por Guti. A composição de Carlos Gerbase e Heron Heinz aborda de forma até irônica a transitoriedade e efemeridade da moda e as mudanças constantes de comportamento no universo pop, criticando inclusive a moda dos punks. A letra diz: "Você disse que tinha que mudar/ Você disse que o quente é viajar/ Você disse 'cabelo grande é o astral'/ Você disse 'amor agora é grupal'/ Comprei uma moto velha, toda coxa/ Uma mochila cheia de pedrinha roxa/ E pra ver o mundo alucinado/ E você me chamou de alienado/ [refrão] Nunca mais eu ouço você/ Nunca mais eu caio do beliche/ Vou juntar tudo pra ser/ Um hippie-punk-rajneesh/ Você disse que eu tinha que mudar/ Você disse que o quente é meditar/ Você disse 'sem cabelo é o certo'/ Você disse 'o amor é um inferno'/ Botei fora a moto, as pedras, o dinheiro/ Fiquei careca e cantava o dia inteiro/ Hare-krishna, krishna-krishna, hare-hare/ E você disse 'meu Deus, sai dessa, pare' (...)/ Você disse que eu tinha que mudar/ Você disse que o quente é cheirar/ Você disse 'o cabelo agora é curto'/ Você disse 'o amor agora é bruto'/ Botei prego e tachinha no nariz/ Comprei roupa toda preta e uma corrente/ Compreendi a besteira que eu fiz/ Quando você me chamou de indecente/ Nunca mais eu ouço você..."

CONVERSE
ALL STAR
CONVERSE

A moda industrial, iniciada por fins do século XIX, se estende pelo século XX até chegar à fase moderna da moda, o que realmente interessa nesta pesquisa. Embora as movimentações em torno do *melhor vestir* de muito datem, sendo que seus primeiros passos num caminho sistemático e de ordem própria se encontrem por fins da Idade Média, é a partir da "moda de cem anos", como classifica o sociólogo francês Gilles Lipovetsky, que os traços modernos da produção de moda aparecem mais concernentes com a realidade da sociedade atual; realidade na qual a moda-punk faz parte referencial e complementar. E é à luz da moda-punk e suas possíveis origens que será feita uma recapitulação bastante pontuada ao assunto referido no que diz respeito à produção de moda. Portanto, não será de estranhar que vários acontecimentos importantes da história da moda recente deixem de ser pautados no que se seguir: não constarão por uma simples questão de seleção dos fatos relevantes para o estudo em questão.

Com o perdão da redundância: eis a *moda moderna.*

A alta-costura

A moda de cem anos foi embrionária de uma emergente ordem burocrática e de ideais democráticos da sociedade de consumo com relação à moda. Da metade do século XIX até a década de 60, pode-se classificá-la como alta-costura, a qual se baseava no advento e na junção de duas indústrias: a de costura e a de confecção. "Tais são as duas chaves da moda de cem anos, sistema bipolar fundado sobre uma criação de luxo e sob medida, opondo-se a uma produção de massa, em série e barata", explica Gilles Lipovetsky. Voltada exclusivamente à classe burguesa feminina, a moda circulava e provinha de três países: Inglaterra, Estados Unidos e, sobretudo, França. A alta-costura representava o apogeu do poder obtido pelas sociedades contemporâneas desde os séculos XVII e XVIII através de formas de dominação e gestão que esses três centros econômicos melhor representavam à época. A concepção de roupas girava em torno da elegância, da suntuosidade (mesmo que de mudanças nessa suntuosidade), da imaginação criadora e da unicidade das peças. Assim, a moda de cem anos foi marcada pela reprodutibilidade dos modelos, dados incondicional e indiscutivelmente como padrão correto de elegância.

Com a alta-costura, instituiu-se a sedução do novo ao invés do hiperconservadorismo da aristocracia dos séculos anteriores. Passou-se a usar, nessa fase, manequins vivos para apresentar as inéditas coleções; criaram-se as primeiras casas especializadas nas criações de frivolidade; acelerou-se o processo burocrático de sua produção com a sazonalidade dos lançamentos de conjuntos e coleções; organizaram-se os primeiros desfiles-espetáculo; reconheceu-se a moda entre as belas artes. Também, de uma maneira mais profunda e psicológica, a alta-costura introduziu o caráter individualista do consumidor, tão presente na moda a partir dos anos 60 e marcante da psiquê da cultura de massa. Porém, como ressalta Lipovetsky, a revolução da alta-costura parou no momento em que, no seu cerne, estava a reprodutibilidade, o duplo, não dando espaço à livre criação. Era como se o costureiro estivesse sempre, ironicamente, limitado pela suntuosidade, fadado a ela, mesmo sendo esse um estilo rico em possibilidades para o *inventor* de moda – ainda não propriamente um estilista. Mesmo tirando o máximo das possibilidades do duo costura-confecção para tornar a peça mais criativa e, consequentemente, diferente, jamais sairia de seu próprio caráter luxuoso.

Da segunda metade do século XIX até o início do centenário seguinte, os desenhos do francês Charles Fréderic Worth dominaram a alta-costura europeia, tomando grande reconhecimento diante das elites consumidoras tanto pelo seu talento e originalidade quanto – e por consequência dessas qualidades – pela adequação de suas criações às aspirações majestosas que se exigiam. Foi em Worth – com suas mudanças incessantes de formas, de tecidos e de acessórios – que começou o efeito de choque com o público, com os preceitos estabelecidos na sociedade, hoje tão comum no meio da moda de vestuário em mãos de criadores. O sucesso de Worth concordava com o conceito artesanal e particular que pedia a alta-sociedade. Até o começo do século XX, os modelos eram muitas vezes exclusivos, adaptados e colocados ao gosto de cada cliente. Mesmo que seu trabalho tenha vindo a revolucionar a relação alfaiate-construtureiro-artesão para com o cliente por meio de uma maior liberdade de criação estilística, de independência do modelista, essa lógica, a da subordinação à hierarquia social, permaneceu até os primeiros anos do século XX.

Porém, o desejo pela novidade, consubstancial ao sistema capitalista, começou a influir na moda de forma a quebrar regras e a instigar o investimento em novos conceitos. No começo do século XX, o francês Paul Poiret alterou radicalmente o toalete feminino, fazendo cair por terra os desconfortáveis espartilhos. Adotou-se o sutiã; liberdade para as mulheres e liberdade de criação. Sábia é essa passagem da estilista e escritora Françoise Vincent-Ricard: "Worth foi o primeiro a promover o sistema da alta-costura: mas é impossível negar que foi Paul Poiret, seu sucessor, quem alcançou os níveis mais ousados de criatividade". E completa: "Libertou – enfim – o corpo feminino da armadura imposta no século XIX". A individualidade feminina tomava força, e foi a primeira democratização da magia do código da alta-costura. O sopro libertário do novo, cada vez mais valorizado, fez com que, automaticamente, costureiros passassem a ganhar mais reconhecimento individual e status de verdadeiros autores de moda.

Nessa mesma linha evolutiva, a francesa Coco Chanel, nos anos 20, impôs um estilo ao mesmo tempo elegante e econômico no sentido visual. Usando tecidos americanos da vanguarda da época, passou a desenhar vestidos sóbrios, quase austeros, bem talhados e usuais na vida cotidiana. Chanel criou a moda da mulher ativa. Numa palavra: minimalista. Seu objetivo primeiro era servir a pessoa que a usava, ou seja, a mulher sedenta de ascendência social e hierárquica dentro e fora de suas casas. A estilista surgiu como mentora de uma nova postura feminina que rivalizava com a figura masculina, que combatia o domínio do homem e o machismo na sociedade de então.

A jornalista inglesa Margit Mayer define assim a revolução advinda com o traje de Chanel: "Foi do guarda-roupa masculino que ela retirou o vocabulário para o seu sensacional e duradouro estilo – jérsei e tweed, botões e bordados de uniformes militares, casacos de malha sem colarinhos e frascos de perfumes de linhas diretas; foi nas joias oferecidas pelos homens que ela se inspirou para desenvolver a sua bijuteria da moda; e foi o modo da vida masculina de egocentrismo e liberdade no amor que ela adotou para si".

Vale dizer também que o estilo de Chanel obteve grande projeção devido ao cinema. Divas e atrizes do cinema, como Greta Garbo e, principalmente, Louise Brooks, adotariam seu modo de vestir. Contudo, o cinema foi o campo onde a moda ativa não logrou sucesso nas primeiras décadas que se sucederam à de 20: a predominância do preto e branco nas peças de Chanel não sentava com as cores das películas dos filmes, introduzidas desde o início dos 30. Até a genial Coco Chanel sofreria com a incessante corrida pela novidade da modernidade.

Após a Segunda Guerra Mundial, a elegância reassumiu o poder. O racionamento, a penúria e o clima de melancolia provocados durante a guerra levaram a costura, diferentemente de outras manifestações da cultura, a um acentuado declínio. Foi nesse ínterim entre a moda antiga e a nova que surgiu, em 1947, o francês Christian Dior, estilista que introduziu o new look. Era a volta da *mulher-mulher*, imposta pela classe dirigente para reassumir o poder de uma elegância sofisticada. Unindo a elegância feminina da alta sociedade a uma maior adequação à vida prática feminina, o projeto de Dior reestruturou o corpo, em cortes mais soltos e mais curtos – sucesso certeiro.

Voltada à classe dominante e detentora do poder, a moda seguiu até o fim dos anos 50 sob a batuta da alta-costura. Aliás, os anos 50 foram a última grande década do *sob medida*. Depois do horror da Grande Guerra, o que se queria era aproveitar a vida. E com opulência. O new look significava, antes de tudo, o otimismo advindo com o milagre econômico do Plano Marshall – desenvolvido no mesmo ano em que Dior criou seu estilo. Para a mulher, por sua vez, carente de mimo, de ausência de responsabilidades e de proteção após a dura crise mundial, o new look representava antes uma explosão de desejos reprimidos do que a esperança num futuro melhor – em que preferia não se pensar. Assim, a cultura desse meio de século assimilou o new look num regresso à época em que os papéis de homem e mulher estavam bem definidos – só que, agora, ambos queriam desfrutar da boa vida.

A moda à la Dior – num primeiro momento, cara e somente acessível às classes ricas – montava no imaginário coletivo a ideia de bem-estar, elegância e alegria de viver, o que gerava desejo de participação das massas naquele evento que se distendia. Todos queriam estar na moda. Dessa forma, "o new look acabou por funcionar como propulsor do desenvolvimento de uma nova camada social: a classe média", dando a sensação vívida de que "o homem simples podia dar-se ao luxo de imitar a alta sociedade.", diz Seeling. O estilo se encontrava não só nas roupas, mas nos objetos e em tudo que compunha o estilo de vida presente, de frigoríficos ao design, às festas. O gozo total de uma vida tão estilizada, contudo, era privilégio dos mais ricos.

Novamente, e mais do que nunca, o cinema ajudou a propagar a moda, a tal ponto de confundir-se com ela. A multiplicidade de cores ganhou dimensões na largura dos telões dos cinemas, fenômeno bastante aproveitado nos anos 40 e 50 no cinema de Hollywood. Audrey Hepburn, Elizabeth Taylor, Grace Kelly, Ingrid Bergman, Kim Novak, Marilyn Monroe, Rita Hayworth, musas e estrelas levavam às telas criações de Givenchy, Valentino, Balenciaga e Dior.

Mas nem tudo era glamour, luxo ou cores vivas. A juventude que, assim como as mulheres depois da guerra, queria agora tomar seu espaço, iniciava uma revolução de comportamentos e de cultura que viria a explodir na década seguinte e influenciar o restante da produção de moda pelos tempos. Não seguindo o vestuário comum, astros jovens como Marlon Brando e James Dean apareceram no cinema usando roupas básicas: t-shirts, calças jeans, casacos de couro e, principalmente, passando uma imagem de jovens zangados. A era de consumo de massa e de apogeu dos *olimpianos*, como classifica o filósofo de comunicação Edgar Morin, parecia não afetar os corações e mentes da juventude. Pelo contrário, o descontentamento e o vazio eram mais próximos de suas realidades. O vestuário predominante preto dos beatniks dos anos 50 e 60 e a maneira deslocada de vestir das alas undergrounds foram um dos passos de uma contramaré que abriu espaço para o que se consumaria no streetwear (tipo de moda que será fruto de análise mais adiante).

Na contramão da alta-costura, a moda foi abalada por um outro tufão da antimoda. Mais do que um parêntese no percurso da moda moderna, o jeans foi um dos mais importantes marcos de democratização social do último século, visto que sua profusão se deu em escala mundial e em todos os níveis de classe. Usado já desde o fim do século XIX por operários de fábricas na Europa e nos Estados Unidos – devido à sua praticidade e à resistência do seu tramado –, logo passou a fazer a cabeça de outros grupos alternativos interessados em moda, política e comportamento. Pintores e artistas norte-americanos dos anos 30 e 40 foram alguns dos primeiros a manifestar preferência pelo jeans. Nos anos 50, quando a onda rock'n'roll tomou força, motoqueiros hoodlom ou bikers passaram a adotar o jeans como uniforme em surrados macacões. Ativistas da Nova Esquerda o injetaram em seu vestuário combativo nos anos 60, assim como os hippies (estes, os verdadeiros difusores do jeans em todo o planeta). Contra a cultura dominante na América e no Velho Mundo e seu elitismo ou esnobismo, os hippies intensificaram a imagem marginal do jeans, dando-lhe significado de oposição a identidades e a posições sociais. O jeans oferecia um meio visível de anunciar aqueles sentimentos contra o establishment. Curiosamente, a democratização a que se deu o tecido mais conhecido e usado no globo (com o barateamento da produção e a comercialização em massa) gerou um inevitável processo de incorporação ao sistema, o mesmo sistema dominante que esses precursores de seu uso tanto combatiam.

O Prêt-à-Porter[19]

A *revolução democrática do prêt-à-porter*, assim chamada por Gilles Lipovetsky, se deu quando emergiu um novo sistema que ainda carregava consigo as bases da moda de cem anos – produção burocrática orquestrada por criadores profissionais, uma lógica industrial serial, coleções sazonais, desfile de manequins com fins publicitários, etc.; todavia, inaugurando agora uma segunda fase da moda. Aqui, novos focos e critérios de criação se impunham; o comportamento dos sexos se modificava, levando a significação social e individual da moda. A hierarquização se rompia. A indústria burocrático-estética da moda agora vendia para as massas.

Sociologicamente, o que se abateu sobre terras americanas e europeias foi uma transformação dentro da chamada sociedade de consumo, estruturada nos Estados Unidos entre o pós-New Deal (anos 30) e os anos 60. O eixo familiar, constituído por pai, mãe e filhos, vivia junto em uma casa unifamiliar, abastecida de eletrodomés-

[19] Expressão francesa criada no início dos anos 50 para traduzir *ready-to-wear*, do inglês. Indica *roupa comprada pronta*.

ticos para as mais variadas funções, dois automóveis – dada a distância do subúrbio até a cidade e a necessidade de todos se deslocarem –, além de uma quantidade infindável de bens práticos. Era o *american way of life*, que logo seria exportado para a Europa. O que ocorria era que, chegados aos dezoito anos, os filhos embarcavam para a "cidade grande" para estudar na universidade – à época, instrumento automático de ascensão social. Os problemas, assim como tudo, eram resolvidos no âmbito familiar – quando muito, por um psicanalista. Tudo perfeito até o momento em que o número de jovens passou a aumentar vertiginosamente, pedindo um respectivo aumento na infraestrutura social para atender à nova demanda. Daí, o que antes eram problemas intrafamiliares passaram a tomar dimensões que a psicanálise (quanto menos a palavra do pai) não conseguia mais resolver. A revolução de comportamento juvenil, exigindo questionamentos menos superficiais como os levados a cabo na época, fez desabrochar uma guerra de gerações que influiria tanto no plano dos costumes quanto no político da década de 60.

O prêt-à-porter alinhou-se ao novo caminho de se produzir industrialmente roupas acessíveis a todos, inspirando-se nas tendências do momento ou criando-as. "O prêt-à-porter quer fundir a indústria e a moda, quer colocar a novidade, o estilo, a estética na rua", diz Lipovetsky. Esse foi o mote do prêt-à-porter, aliado ao despontar de jovens criadores de moda e às revoluções culturais no mundo ocidental, principalmente a ascensão da juventude dentro da sociedade e suas *antimodas*.

Aí está o principal motivador da atualização da moda: a juventude. A década de 60 fez aparecer toda uma cultura pop, cujos reflexos se mantém vivos no comportamento ocidental até os dias atuais em todas as áreas: política, social, religiosa e da comunicação. A promoção dos jovens como consumidores e o desejo cada vez maior de vida, do *presente*, após os duros tempos de embates militares entre todo o planeta, fizeram com que os adolescentes tomassem força diante dos antes detentores das razões e da moral, ou seja, os mais velhos, os pais. O bem-estar provindo do milagre econômico, gerado a partir dos anos 50, não atingia o sentimento adolescente. Pelo contrário: aquela vida fora da realidade, abastada e mentirosa, não interessava aos jovens, que se rebelavam contra a autoridade paterna, contra a Igreja e contra o Estado. É nesse momento que iniciou uma procura pelo *inverso*, pelo o que fora estabelecido no ontem. "Era a mesquinhez da sociedade burguesa, com as suas regras e decoro de etiqueta, que provocava a oposição dos jovens", afirma Seeling. A música passou a ser o principal elemento de união da juventude do ocidente.

Figuras bastante representativas da rebeldia dos *swinging sixties*, os hippies passaram a contribuir sobremaneira com seu *flower power* (estampas de flores, acessórios artesanais, tecidos leves e confortáveis, jeans rasgados e desfiados, toques orientais, tatuagens, longos cabelos, etc.) para a moda. Outras tribos – os beatniks, os gays, as feministas, os mods, os estudantes, os comunistas – também cooperaram para a construção de um universo de diversidade de estilos e antimodas. "Na França, na Itália e nos Estados

Unidos, muitas das novas figuras que determinam as tendências já não provêm da associação natural dos donos da alta-costura parisiense", coloca Françoise Baudot em sua obra *Moda do século*. Sobre a multiplicidade de fontes inspiradoras do prêt-à-porter, Baudot diz: "A partir daí, já não existe mais uma evolução única. Em vez de moda, melhor seria dizermos *modas*".

Foi nessa hora que o mundo viu surgir o estilista francês Yves Saint Laurent, considerado o grande gênio da moda. Ele apresentou, em 1966, a primeira coleção do prêt-à-porter. Coincidiu com essa época o invento da minissaia na Inglaterra, profundamente difundida pelas jovens a partir de então em todas as partes do ocidente. E Saint Laurent captou todas as ondas recentes e antigas para montar seu trabalho. O futurismo sucedido da corrida espacial do fim dos anos 60, os elementos hippies, o smoking masculino, a popularização do jeans, o safári, a pop art e outras milhões de tendências apareciam num mix em seu trabalho, temporada após temporada. Mas não só o novo: referências a épocas passadas e a indumentária de localidades distantes e pouco comuns do mapa também vinham à tona. Yves Saint Laurent inaugurou a total democratização da criação de moda num campo onde coabitavam todos os estilos.

Uma novíssima classe de jovens criadores de moda se impôs. Como Saint Laurent, vieram Pierre Cardin, Silvia Rykiel, Paco Rabanne, Karl Lagerfeld e muitos outros. Não se abandonou a elegância, apenas se reavaliou a concepção de distinção, deixando de se considerar o chique sofisticado como valor supremo, ideia herdada da moda dos cem anos e mal resolvida até esse novo sopro modernizador. As butiques passaram a aliar seu nome aos jovens estilistas que, pela força e originalidade de seus trabalhos, instituíram o que se conhece hoje por *grife*.

A revolução do prêt-à-porter causou o enfraquecimento do sob medida da alta-costura e a disseminação de novos e diversos polos criativos, descentralizando-os. A moda já não era mais ditada tão-somente por grandes casas; era, da mesma maneira, produzida por pequenas butiques que apostavam nos jovens criadores. O consumidor, do mesmo modo, também entrou na era da diversidade de escolha, podendo escolher entre um cabedal de pequenas peças de vestuário desenvolvido em série, com qualidade confiável e raciocinando dentro da relação estética-preço, conforme explica Lipovetsky : "A nova era assinala uma etapa suplementar na organização democrática da moda, já que o sistema heterogêneo do sob medida e em série foi substituído por uma produção industrial de essência homogênea, quaisquer que sejam as variações de preço e de inovação que nela se encontram".

A safra de novos estilistas e a visível maior democratização da moda também se deviam à evolução tecnológica da indústria têxtil e das possibilidades da fabricação comercial. O prêt-à-porter baseava-se nesse pilar tecnológico, pois precisava supor a qualidade indiscutível da alta-costura e aliar essa qualidade às probabilidades do desempenho fabril. A democratização do sistema estava, mais do que no barateamento do produto final, sobretudo, na promoção da qualidade do vestuário de moda. O sucesso da adaptação da alta-costura à fabricação em série se deveu basicamente à confiabilidade do instrumento industrial que buscava atingir; o sólido vínculo entre a imaginação do costureiro e as limitações de uma fabricação que não permitia retoques.

A entrada dos anos 70 revelou a fragmentação dos grupos sociais e a elevação do pensamento pós-moderno ao universo do efêmero. Se, nos anos 50, se aproveitava o milagre econômico, nos 70 se experimentava sua decadência. A juventude de otimista passava a ser cínica. Foi daí que explodiu a antimoda, o mau gosto. "Solas de plataforma e hot-pants, calças à boca de sino e camisas de poliéster, vestuário brilhante para a discoteca, retro-kitsch e no-future-punk – tudo era experimentado, misturado, repudiado e novamente recuperado", recorda bem Seeling. E acresce: "Nos anos 70, o pós-moderno, com o seu estilo eclético, impunha a verdadeira revolução no mundo da moda". O importante era a manifestação da individualidade, com cada um escolhendo o guarda-roupa que bem entendia.

Já os anos 80 ficaram conhecidos por *gimme decade* (*década do me dá*), segundo definição do jornalista e escritor americano Tom Wolfe. A viragem do mundo ocidental – representada, especialmente, pelas eleições de Margareth Thatcher (na Inglaterra) e de Ronald Reagan (nos Estados Unidos), além da reorganização do lado comunista pelas mãos de Mikhail Gorbatchov – levou os 80 a retomar um certo conservadorismo. Os jovens já não se rebelavam; agora, queriam viver intensa e abastadamente. A juventude sentiu os efeitos do poder aquisitivo com a recuperação econômica e a década, encarnada na figura dos yuppies, ficou marcada pelo esbanjamento. Os *anos pub*, com suas formas hiper-realistas e luzes de neon, foram a própria entrega ao capitalismo da sociedade de consumo, numa recuperação do glam-rock em termos de estilo e indumentária, negando veementemente a contracultura da geração anterior.

Conhecida também como a *década dos estilistas*, dado o marketing que esses obtiveram com seus nomes e marcas, a moda dos anos 80 debruçava-se entre três polos de produção e criação: Estados Unidos, Europa e Japão. Da América, o business sóbrio do yuppie endinheirado foi cultivado por Ralph Lauren, Giorgio Armani e Donna Karan. Na Europa, Vivienne Westwood e Jean Paul Gaultier exibiam exuberância aliada ao choque dos modelos[20]. Enfim, Yohji Yamamoto e Rei Kawakubo, vindos do Japão para Paris, quebraram o look 80 – de mulheres-fatais magras de laquê, largos ombros e saltos altos. Seus modelos evocavam o fim dos tempos, com trapos e molambos de uma indigência ostentatória. Poéticos, levaram às passarelas saltos baixos, ausência de maquiagem, pudor, reserva e hermetismo: uma modernidade radical que viria a exercer grata influência sobre o vestuário do fim de século.

Os anos 80 contribuíram, ainda, para a entrada do streetwear nas passarelas de moda. O *black is beautiful*, trazido com o sucesso do movimento hip-hop e do estilo break dos jovens negros dos guetos norte-americanos, criou o estilo *home boy*. Ao mesmo tempo em que as ruas respondiam ao estilo com sua adoção massiva, o cenário da moda também o recebia: Westwood lançou, em 1984, o primeiro tênis com sua marca – algo que passaria a ser normal nas coleções e no vestuário dos anos

[20] A cantora norte-americana Madonna tem papel fundamental para a disseminação do nome de estilistas e da moda de uma maneira geral. Nos anos 80 e 90, Madonna foi a própria imagem da mudança e da ruptura constante de estilo. Com suas surpresas a cada roupa (fetichista, bad girl, new look revisitado), era devidamente vestida por Jean Paul Gaultier, Dolce & Gabanna e Paul Versace (para citar os principais).

90. Sem dúvida, o esporte contribuiu para esse fortalecimento do streetwear. Não só tênis Adidas, mas calças de abrigo, baggy-pants, bonés de clubes de beisebol e de basquete, casacos de futebol americano, saias estilo cheerleaders e outros elementos foram sugados diretamente dos esportes. Esse comportamento com relação às roupas esportivas e de fitness se devia ao conforto, à praticidade e à acessibilidade por parte da classe média, características próprias desses produtos.

O conceito de grife passou a fazer o meio-campo entre a enfraquecida e dispendiosa alta-costura e o às vezes demasiado criativo prêt-à-porter, com roupas, em muitos casos, irrealizáveis no dia a dia. O sob medida tornou-se, nos anos 90, mais roupa de sagração do que propriamente moda. Esse processo se deu com naturalidade através dos tempos, sendo que só começou a tomar forma a partir dos 80. Até a circularidade dos lançamentos sazonais se ajustava conforme essa lógica de meio-termo da grife. Agora, nem a loucura de se lançarem quatro coleções inéditas por ano (como acontecia nos primeiros anos do prêt-à-porter – levando à exaustão seus estilistas, que eram obrigados a estudar e criar levas de peças em curtos espaços de tempo e com cerca de dois anos de antecedência) nem o preparo artesanal e um tanto previsível do sob medida. Compactaram-se os lançamentos de coleções ao que é visto hoje duas vezes por ano: o outono-inverno e o primavera-verão.

Por fim, os anos 90 – minimalista durante o dia, expressionista durante a noite. Os modelos sóbrios tomaram conta das ruas e das passarelas concomitantemente, aproximando, cada vez mais, os looks da moda do streetwear. À noite, onde é permitido o ostento politicamente incorreto, percebia-se a fantasia, o desportivo, o romântico e o casual, muito *casual*! Mesmo que buscando apropriar tecidos e materiais mais nobres em sua fabricação, a indústria da moda já não esbanjava como na década anterior. Setorizou-se o consumo: o que fosse demasiado caro, que fosse consumido pelos que pudessem adquirir. As grifes Louis Vuitton e Prada foram exemplos máximos dessa lógica: no outono-inverno 1998-1999 e no outono-inverno 1996-1997, respectivamente, suas coleções prêt-à-porter mostraram looks basics junto de acessórios discretos, luxuosos, distintos e criativos, um visual fundamentalmente criado com peças acessíveis. Suas bolsas, no entanto, podiam valer milhões de dólares dado o valor subjetivo intangível que carregavam.

O minimalismo e a simplicidade foram resultados diretos do mundo globalizado e informatizado de que se compõe a última década do milênio. As visíveis consequências da crise econômica provindas com a Guerra do Golfo em 1992, a queda do Muro de Berlim, o espalhamento pela esfera ocidental do pensamento liberal da Nova Ordem Mundial, a falta de controle da Aids (ainda sem tratamento), a globalização da informação, a frieza da realidade virtual – tudo veio a gerar na sociedade um sentimento de sede pela verdade e, ao mesmo tempo, de cansaço, de ressaca, como pontua Edgar Morin: "A morte das esperanças trouxe o desencantamento". Consequentemente, não se permitia mais esbanjar. De repente, os modelos comedidos e baratos eram suficientes para homens e mulheres.

Bea Gottschlisch escreve bem sobre essa mudança de atitude social quando diz: "As pechinchas são consideradas chiques e as roupas básicas socialmente aceitáveis, pois são – de acordo com o espírito da moda – oportunas, modestas e não ostensivas. Os basics, a expressão americana para um tipo de roupa utilitária, tomam forma de blazers, fatos de calças e casaco, saias estreitas e camisolas de gola alta. Rapidamente, passam a dominar a oferta nas lojas – e na passarelle".

Confusos e incertos, os anos 90, fase histórica em que se observa uma forte crise intelectual e a "perda de valores terrestres", citando novamente Morin, parecem não ter abatido a moda de maneira a interromper a criatividade dos estilistas. Alguns creem que, com o reforço publicitário e com o direcionamento a esse ou àquele público, as grifes ficaram mais homogêneas no que diz respeito à cadeia de produção e distribuição. A globalização e o marketing, nesse sentido, afetaram os croquis dos designers. O fabrico passou a ser feito em áreas de mão de obra barata (como países de Terceiro Mundo) e estilistas-chefes (muito mais para diretores artísticos) administram um *big business* onde a criação está subordinada a uma noção muito global para que sua imaginação flua com liberdade. Há os que não vislumbram um bom futuro para a moda, como se nota em François Baudot: "Quando se observa diferentes marcas reagindo aos mesmos dados, seguindo os mesmos conselhos em matéria de estilo, de marketing e de comunicação, percebemos que elas estão ameaçadas por uma banalização que corre o risco de, a meio termo, cansar o público". Segundo ele, a pressão financeira não para de acentuar-se, penalizando a eclosão de novos talentos, pois faz diminuir a margem de intervenção dos estilistas e aumentar a dos banqueiros.

A verdade é que tudo se misturou e se dispersou em termos de tendência e de referências a elas, o que produz inevitavelmente resultados positivos e outros negativos. O estudioso de comunicação Giorgio Lomazzi, nos anos 70, já intuía – ou captava – com muita clareza o quadro da moda atual. Com as transformações sociais, principalmente as originadas na segunda metade do século XX, houve um "enfraquecimento da referência social", que "fez com que todos passassem a se vestir de todas as maneiras", independentemente de idade, sexo, procedência, hora ou local. O sociólogo Francesco Albertoni não acreditava que esse fenômeno pudesse se concretizar, mas, de fato, passou a tornar-se admissível com a visível mudança da chamada *farda burguesa* – tão carregada de signos sociais como o êxito no trabalho e a conquista do status social. Cores quebrando o tradicional cinzento, cortes mais ousados, equilíbrio entre deselegância e sisudez, traços juvenis como um cabelo comprido ou um sapatênis se aglutinaram ao clássico paletó e gravata de cor escura, às calças e aos sapatos sociais. Enfim, várias pequenas transformações permitiram um maior despojamento no mundo capitalista do trabalho.

A moda-punk nas coleções sazonais

A primeira a levar o punk às passarelas da moda foi Vivienne Westwood, ex-namorada de Malcolm McLaren. A estilista, já na época do punk, usava seu talento para dar mais vida e verossimilhança à cena. Ela vestia a banda Sex Pistols em seus shows, usando toda sua técnica a serviço da *moda podre*[21]. Seus reflexos logo tomaram conta das passarelas. No fim dos anos 70, já era comum o estilo punk para o rol de possibilidades dos estilistas, principalmente na Inglaterra, que passava, por força do movimento, a assumir um posto de capital alternativa da moda. "A época do punk tinha se estabelecido, os penteados de cabelo em pé e o look moicano tinham passado a constar das coleções de moda, e mesmo na passarelle era *in* passar punk genuíno", lembra Seeling.

Foi em Westwood que se anotou a primeira aparição da moda-punk na indústria do efêmero propriamente dita, vista na coleção O Pirata, de 1981. Nessa e em outras coleções, a estilista expôs na sua moda uma verdadeira arqueologia de silhuetas históricas, pondo num caldeirão desde o rococó até a grandeza *fin de siècle*, tudo com muita ironia. Embora para Françoise Seeling ela tenha se distanciado da moda-punk assim que possível, parece não ter sido bem assim que as coisas ocorreram. O neorromântico de suas criações leva muito de uma das mais características mensagens do punk: o impacto e a provocação. Quem ousaria dizer que não reside atitude punk na modelo totalmente despida na passarela, calçando unicamente um vistoso e barroco sapato de salto e carregando um buquê de flores nos braços? Pura ironia e cinismo – e com muita beleza. O fato é que, para François Baudot, "Vivienne continua a apresentar coleções que con-

[21] Expressão que serve de título para a matéria do jornalista brasileiro Tárik de Souza. A reportagem aborda os primeiros reflexos do punk e do reggae no Brasil. (Veja, 1977).

tinuam a desafiar as convenções (...) com um permanente e salutar apelo à desordem", mesmo que se valendo da suntuosidade para isso.

Michael Tambini, em *O design do século*, define o trabalho dela assim: "Chocante e influente, Westwood sempre procurou inspiração nas ruas. Seus designs subversivos – incluindo camisetas rasgadas, decotes cortados abaixo do braço e sapatos perigosamente altos – não se esforçam por obedecer aos conceitos tradicionais de conforto e adequação".

Figura também de vital importância para a introjeção do punk no círculo fashion foi Jean Paul Gaultier. O *enfant terrible* da indústria da moda não teme em colocar no palco tudo o que for útil para as coleções que compõe. "Sua sensibilidade, que o encaminha para tudo que seja marginal e paradoxal, leva-o a criar roupas que vendem", observa Françoise Vincent-Ricard, lembrando também a qualidade e o embasamento clássico de Gaultier. Realmente, para ele, a moda não tem fronteiras, e o punk desfila ao lado de peças étnicas e na pele de pessoas reais. Em 1992, as tatuagens agressivas dos punks foram vistas em collants sob saiotes masculinos; em 1994, body piercings e coturno; em 1995, vestido fetichista com lacing em couro preto. Numa definição: provocação jovem.

"Muitas ideias punks abriram caminho, de maneira mais refinada, até a moda prêt-à-porter dos anos 80", afirma François Baudot. Contribuíram também para a entrada dessas ideias na sazonalidade das coleções os orientais Yohji Yamamoto e Rei Kawakubo. E isso em tempos de exibição narcisista e de ostentação no vestir! Trouxeram eles, pelo contrário, e com grande apuro estilístico, a secura, a deformidade e a assimetria, reflexos de um fim do mundo à la Hiroshima. O fenômeno japonês desses novos anarquistas da roupa viu no movimento punk a justificativa para os esfarrapos e trajes molambos. As revolucionárias peças de prêt-à-porter foram apresentadas em Paris para a primavera-verão de 1983 não sem provocar um bom estardalhaço.

A experiência, nos anos 90, da estilista belga Ann Demeulemeester foi a prova da continuidade da contaminação de elementos da moda dos punks no círculo fashion. Aficionada no estilo e na persona da diva punk Patti Smith, Ann dificilmente deixa de referenciar – se não explicitamente, de algum modo – o look da roqueira. Monocromia e simplicidade são as palavras de ordem de um estilo que delineia, com potência e sutileza, a poética perversamente alucinada de Rimbaud e a não-poética do decadente mundo contemporâneo. Calças cinzentas tipo operário tecidas de fios grosseiros, camisas brancas masculinas com leves desalinhos ou camisetas esgaçadas, puídas e num tamanho menor que o corpo. Os cabelos castanho-escuro à altura dos ombros são ligeiramente despenteados, semelhante ao que se observa na moda e nas ruas atualmente, inclusive nas pontas eriçadas e ressecadas; o corpo é esguio e de estatura alta, cuja feminilidade se esconde atrás dos gestos agressivos e da cara séria e sem maquiagem, deixando perpassar certa fragilidade somente na tez branquíssima e na magreza tísica e doentia. Isso já seria irreverente tratando-se de moda masculina, mas o fato é que está se descrevendo o *basic* Patti Smith; quase uma extensão da moda prática Chanel, no entanto, menos com o seu sabor feminista e mais com um significado de rebeldia. O preto e branco das roupas de Patti refletiam a absoluta falta de cor da vida moderna, e a simplicidade daquela indumentária, aliada ao mal-acabamento proposital, parece ainda dizer muito nas passarelas da Paris de hoje – tanto é verdade que quase todas as modelos assemelham-se a esse perfil de corpo e a essa postura chique da expressão facial de seriedade. O que Ann recupera ao reverenciar a moda de uma das figuras mais representativas do punk de Nova Iorque é a necessidade de aliar o fashion a um conceito não somente funcional como também pensante.

Outros estilistas, como John Galliano, Paul Versace, Anna Sui e Azzedine Aläia, recorrem, sempre que conveniente, a vários elementos injetados pelo punk na moda. Meias arrastão, espartilhos, vestidos de borracha, lingeries à mostra, botas altas até as coxas, cabelos de diversas cores, despenteados ou moicanos, adereços como alfinetes, maquiagem mórbida e a postura arrogante dos modelos nos palcos estão entre o arsenal da moda-punk. Elementos que surgem a cada estação numa grife ou noutra. Basta observar o estilo fashion-fetichista do vestido transparente sobre lingerie preta combinando com botas de salto quinze vermelhas até o meio das coxas de Dolce & Gabbana, apresentado em Milão no outono-inverno de 2001-2002. Também a acentuação do preto, a maquiagem carregada, as luvas pretas de couro rockers e a estamparia radical do t-shirt e da calça da Versus, vistas na mesma capital italiana da moda em coleção de 2004-2005.

Mais anteriormente, na coleção de moda feminina intitulada Five Centuries Ago (outono-inverno 1997-1998) da madrinha da moda-punk, Vivienne Westwood, as saias curtíssimas, as cintas-ligas, os coquetes e a blusa realçando o volume dos seios foram evidenciados num estilo que ironiza o traje típico escocês masculino. Para o verão de 1997, a mesma Westwood apresentou em Londres uma coleção onde os elementos suburbanos eram mesclados à sobriedade: cintas-ligas fetichistas, cabelos esvoaçados e disformes e desajustados, os terninhos pretos para dar um tom sensual num desleixo proposital.

Quem sabe a fidelidade da influência de Ann Demeulemeester ao estilo da roqueira Patti Smith quando iniciou mais uma vez uma de suas coleções (a de primavera-verão de 2003, lançada em Paris) com o minimalismo chique das camisas brancas e calças pretas com suspensórios, típicos da poetisa punk. Ou mesmo o marcante desfile de Walter Rodrigues, em São Paulo, de sua coleção primavera-verão 2002-2003, todo conceituado sobre um monocromismo de cores básicas e nos cortes precisos das peças, embalado ao som da música *She's lost control*, da banda inglesa pós-punk Joy Division.

Os traços da moda-punk estão bastante dissolvidos dentro das coleções de moda, seja na alta-costura ou no prêt-à-porter, sendo até difícil de distingui-los dos outros. A coleção outono-inverno 2003 da marca brasileira Vide Bula (que será analisada mais profundamente adiante), traz em seu catálogo de apresentação a própria moda-punk unida a outros estilos como o hippie, o metal e o skate.

PROBLEMS

Cultura, razão e moral

Música da banda Sex Pistols presente originalmente no álbum *Never mind the bollocks, here's the Sex Pistols*, lançado em 1977. A letra expõe de maneira ácida e crítica a questão da perda de identidade do ser humano diante do sistema imperialista e opressivo e a consequente sucumbência a suas regras culturais. Esse trecho da música diz: "Coma seu coração numa bandeja plástica/ Você não faz o que você quer/ Então você desaparecerá/ Você não me encontrará trabalhando/ Trabalhando das nove às cinco/ É muito divertido ser um ser humano/ Eu estou usando os meus pés para o sistema/ Você não me encontrará vivendo para a tela/ Você está sozinho e todas as suas necessidades supridas/ Você tem seu cérebro desidratado/ Problema, problema/ Problema, o problema é você/ O que você vai fazer". Bem mais concretas que uma letra de música eram as confusões envolvendo Johnny Rotten e companhia. O álbum, produzido por Chris Thomas, foi o único registro totalmente gravado em estúdio pelo grupo com todos os seus integrantes antes da separação da banda. A gravadora Virgin lançou o LP depois de contratar o Sex Pistols, que antes havia sido dispensado pela A&M e pela EMI. Esta última rescindiu o contrato após, entre outros motivos, o célebre incidente na tevê inglesa, quando Rotten disse a palavra *fuck* no ar e ao vivo. A Virgin, mais tarde, também dispensaria o Sex Pistols em virtude do mau comportamento dos integrantes e da dificuldade de vender suas músicas devido ao boicote das rádios e à constante violência desencadeada pelas aparições da banda em público na Inglaterra e nos Estados Unidos.

Como definiu Edgar Morin, a cultura de massa se constitui de "um corpo de símbolos, mitos e imagens concernentes à vida prática e à vida imaginária, um sistema de projeções e identificações simbólicas". O que as palavras de Morin carregam? Sociedade, tradição, valores, sentimentos comuns, necessidades, arte, poder econômico – tudo se inscreve dentro de uma *cultura* de uma sociedade. Ao que reza a antropologia cultural, segundo Umberto Eco em *A estrutura ausente*, cultura é "toda intervenção humana sobre o dado natural, modificando de modo a poder ser inserido numa relação social". Para o caso em questão – a moda-punk –, cabe uma outra citação de Morin: "A cultura industrial é o único grande terreno de comunicação entre as classes sociais".

Para que esses enunciados? Primeiro, nada mais certo do que afirmar: moda e punk se inserem nessa cultura de massa. "Essas *novas mercadorias* são as mais humanas de todas, pois vendem a varejo os ectoplasmas de humanidade, os amores e os medos romanceados, os fatos variados do coração e da alma", poetiza o sociólogo.

De um modo ou de outro, tanto o universo da moda quando o do punk não escapam da lógica burocrática-econômica-simbólica-individualista que a sociedade industrial abarca, mesmo que ambas provenham de realidades político-ideológicas diferentes e até antagônicas. Mas serão assim tão diferentes? Se sim, antagônicas? Esses princípios vão ao âmago de suas próprias lógicas de existência – necessidade convulsiva, criação, subversão – e estão bastante ligados aos seus princípios morais, levando, inclusive, à discussão se de fato os possuem. E se perguntaria: "por que não?"[22].

[22] Título de uma das faixas do álbum *O futuro é vortex* de Os Replicantes.

Cultura de massa e subcultura

"Se a cultura é a totalidade das normas, dos valores e dos costumes que regulam a conduta, os sentimentos, o pensamento e a observação das pessoas", pensa Jan Servaes, "se entende que numerosos grupos de uma mesma sociedade tenham suas próprias *subculturas* específicas". É condição elementar ao punk o conceito de subcultura e, especificamente, o de contracultura burguesa. Produto de um proletariado jovem inglês, o punk está diretamente ligado a uma das várias crises que o capitalismo sofreu ao logo do último século. Em outras palavras: em termos de ambiente sócio-econômico e político, o punk nada mais é do que uma resposta à sociedade de consumo e seus juízos muitas vezes tão invertidos.

Em sua gênese, o punk possui uma característica própria dos movimentos e manifestações culturais: a *interindependência*. Fenômeno observado de tempos em tempos em todos os períodos da história (no século XVII, com a Renascença, ou na década de 20, com os movimentos modernistas, por exemplo), o punk, enquanto movimento cultural, não se deu necessariamente num sentido unilateral. Quer dizer: a dinâmica não acompanhou programadamente um vetor *Nova Iorque para Londres para Nova Iorque para o resto do planeta*, assim, em escalas demarcadas. Várias metrópoles, maiores ou menores economicamente – mas todas afetadas pela crise mundial –, passaram a, independentemente umas das outras, ver brotar jovens com o perfil psicológico e comportamental do punk tal como se revelou com força na Inglaterra e nos Estados Unidos. Jovens russos ou islandeses, por exemplo, repetiam em seus países, sem saber, os mesmos atos, gestos, falas e emoções de outros rapazes e moças do Brasil ou da Espanha na mesma época (fim dos anos 70). Esse tipo de acontecimento cultural parece respeitar muito mais uma espécie de onda, uma energia invisível, uma grande intuição involuntária que não pede para ser influenciada, do que um processo de simples cópia de outro acontecimento cultural. É uma necessidade quase utópica de mobilidade social e resposta às inquietações de algum momento-chave do andamento histórico da humanidade que se exprime através da cultura e que, impulsionada pelos mesmos motivos, seja onde for que se dê, se identifica posteriormente em particularidades de comportamento – gosto musical, indumentária, postura, opiniões, posicionamento político, etc.

Embora representasse um abalo à sociedade de consumo e à cultura dominante, o punk, tristemente, não saiu dela para atacá-la. Seus integrantes faziam, naquele instante – meados dos anos 70 –, parte do bolo para poder expressar sua revolta e reverberar no maior número possível de ouvidos, pelo maior número possível de consumidores. Isso abre toda uma discussão intercultural dentro do seu próprio ventre, próximo do que Servaes defende. A ojeriza ao establishment nada mais é que um sentimento que reflete o termômetro do clima político da sociedade, sendo que, se a forma de expressar-se esteticamente ataca e exprobra seu sistema, também ratifica a sua supremacia imperialista; ainda mais porque o punk, em terras britânicas, extenuou-se de si próprio, um sintoma clássico da sociedade moderna – ainda que recentes grupos juvenis, como os skinheads, os pós-punks e os góticos, tenham seguido alguns de seus passos mais ortodoxamente nas décadas seguintes à de 70. O próprio *faça por si mesmo* anticorporativo dos punks ao produzir sua arte, fazendo surtir um estilo de rock minimalista e tecnicamente rudimentar, torna-se, de fato, um produto cultural que coexiste com tantos outros dentro da indústria cultural. Tudo isso foi, inclusive, reforçado com intensidade e inteligência pelo marketing de Malcolm McLaren ao empresariar o Sex Pistols. Da banda ele sugou um valor subjetivo e intangível tanto quanto se atribui a uma bolsa Louis Vuitton. O *negócio* do punk era vender aquele intangível chamado *nada*.

Quando entendido como movimento juvenil, o caso do punk também não é diferente. O redemoinho da cultura industrial e da publicidade que solapa tudo que possa ser cultura consumível também atinge algo genuinamente opositivo como o punk. Anarquista e niilista, o punk propôs a dessacralização dos valores e dos mitos. Esses postos de razão e preceitos clássicos vêm sendo combatidos desde a ascensão da juventude dentro da sociedade, fenômeno notado já nos anos 50 em várias partes do globo. O rock'n'roll foi um dos principais motivadores e veículos dessa atitude bem-vinda de ruptura e contestação, fazendo a cultura teen se estabelecer como um dos braços da sociedade industrial, assim como a folclórica, a humanista tradicional, a popular e outras. Ao exprimir seus desejos e aflições através da comunicação de massa, os jovens abrem um novo paradigma de valores, intenções e vontades. Explicando o fato da adolescência cavar esse espaço na sociedade moderna, Morin salienta: "Encontra [a juventude], contudo, na cultura de massa, um estilo estético-lúdico que se adapta ao seu niilismo, uma afirmação de valores privados que corresponde ao seu individualismo, e a aventura imaginária, que mantém, sem saciá-la, sua necessidade de aventura".

A nova cultura juvenil, constituída desde a metade do século XX, penetra com facilidade, pois se vincula a uma cultura de mercado, na qual o cinema, a música e a moda – meios de comunicação de massa – estabelecem uma relação estreita com o público.

Há nesse assunto a analogia inevitável, que é a de produção-criação do modelo burocrático-industrial da sociedade de consumo. A partir do momento em que a indústria de massa está organizada de forma ultraligeira e segue o modelo da indústria de maior concentração técnica e econômica – através de grandes grupos ou estados soberanos –, essa concentração técnica passa a corresponder a uma outra similar burocrática, na qual a ideia criativa é filtrada antes de chegar ao grande público. Essa manipulação, feita para fins rentáveis e de obtenção de poder cultural e intelectual, faz gerar uma concentração técnico-burocrática que pesa universalmente sobre a produção cultural de massa. Tende disso uma disposição à despersonalização da criação, à predominância racional da produção sobre a invenção, à desintegração do poder cultural. Contudo, o produto cultural carece sempre partir de uma *origem*; e é aí que ressurge o autor, com a célula *necessariamente individualista* que alimenta o padrão da cultura massiva.

Ora, brota uma necessidade de superação constante da indústria cultural em balizar suas duas estruturas: a burocrático-padronizada e a original, seja ela provinda da cultura clássica, do folclore, da cultura popular ou de qualquer outro campo de conhecimento que exista. Morin destaca bem a questão da dependência da cultura de massa das outras tradições culturais quando afirma que "essa tendência exigida pelo sistema industrial se choca com uma exigência radicalmente contrária, nascida da natureza própria de consumo cultural, que sempre reclama um produto *individualizado*, e sempre *novo*".

É nesse instante que o punk, enquanto cultura, revive e toma importância. Cultura pop e juvenil, carrega inestimável carga de individualismo, originalidade e qualidade. O punk que, por sua vez, se valeu de elementos da cultura pop dos 50 e 60 e da cultura underground em várias de suas formas (rock, fetiche, quadrinhos, literatura, drogas), agora é um prato cheio para o proveito dos padrões da indústria cultural. Os imperativos do show business e da sedução condicionam a informação original a um processo que o leva a um registro espetacular e superficial. Mas por que não superficial? Seria apenas a superficialidade pela superficialidade, opaca diante da razão, ou uma superficialidade profunda, à qual Patrice Bollon se refere como sendo a comprovação da afinidade concreta entre a ambivalência e o paradoxal da natureza?

O campo da moda também não escapa do *buraco negro* da indústria cultural. Mais: essa sim, a moda, é o produto genuíno da sociedade industrial. Acentua-se nela a prevalência burocrático-industrial devido ao próprio comportamento do sistema da moda moderna se escorar nesse pilar. "Moda é o *filho predileto do capitalismo*", diz Sombard.

A relação que a moda mantém com a cultura de massa é inequívoca. A modernidade e suas mercadorias culturais encontram na moda seu representante máximo. "A modernidade é um código, e a moda é seu emblema", sentenciou o sociólogo francês Jean Baudrillard. Gilles Lipovetsky acrescenta que "estamos imersos na moda, um pouco em toda parte, e cada vez se exerce a tripla operação que a define propriamente: o *efêmero*, a *sedução* e a *diferenciação marginal*". Lipovetsky conclui, indagando: "O que não é, ao menos parcialmente, comandado pela moda quando o efêmero ganha o universo dos objetos, da cultura, dos discursos de sentido (...) o contexto cotidiano, a informação e a cena política?". A moda é a própria cultura de massa provinda dessa ordem moderna de sociedade.

A "cultura à moda mídia" é conduzida pelo sucesso do efêmero, da sedução, e pela lei da renovação. O aperfeiçoamento do design, a publicidade constante, a globalização da informação e a maior democratização do consumo levam a mídia a alimentar mais e mais as paixonites de massa. Superando o que classifica de excesso crítico quanto ao conceito de moda por parte de teóricos como Marcuse, Debord e Baudrillard, Lipovetsky constata que a cultura em tempos atuais é regida por forças industriais que privilegiam a quantidade de seus produtos aliada à dialética originalidade-padronização (já bem questionada por Morin na abordagem sobre produção-criação). Produzir em escalas maiores e diferenciadas, multimídias, além de investir pesado seus orçamentos em publicidade e em marketing, garante sucesso aos conglomerados de mídia e entretenimento na proporção em que vencem as eventualidades inerentes à demanda. A questão é que a moda está sempre atrelada à publicidade, que, por natureza, é um fenômeno utilitário.

Até então se pensou (e o título do livro induz a isso) em como a moda-punk influiu na moda moderna. Pois, importante que se distinga, também ocorreram implicações na direção inversa, o que, por sua vez, leva a um questionamento sobre a questão utilidade ligada a beleza e atrativo, suscitada pela publicidade. Dentro de alguns limites, coube ao prêt-à-porter abrir certas portas para a popularização de modas streetwear como a punk. Conceitualmente, a moda industrial do pronto para vestir difundiu o duo *diferenciação--inovação* próprio das modas jovens. Com isso, as fez tornarem-se mais naturais diante da sociedade, o que reflete, assim, uma influência de cunho comportamental. Especificamente à moda-punk, essa influência para no fato do punk nunca ter realmente se massificado enquanto subcultura. Do traje punk o que normalmente se tiram são fragmentos e elementos para a composição de outro look. Ou seja: a moda e sua eterna aliada, a publicidade, sugaram a função utilitária daquela indumentária revoltada para, de posse desses fragmentos e elementos (que não são poucos quando se trata de moda-punk), domá-la e torná-la atraente ao público-consumidor.

Baudrillard, crítico voraz do tema, sustenta que a moda enquadra-se num esquema de ruptura, de progresso e de inovação, que alterna e aliena o *antigo* e o *moderno*, tornando-os aleatórios – aspecto confirmado por Lipovetsky[23]. Semioticamente, em seu entendimento, faz significante e significado desaparecerem, pois, na sua ordem, está a lei da mudança, o que leva sua significação sempre ao nível da conotação e não da *denotação*. "É no nível da conotação", já observava o semiólogo francês Roland Barthes, "que a ideologia é encontrada". Outra afirmação de Baudrillard ratificada nos escritos de Lipovetsky é a da rapidez e da efemeridade dos modelos. Sabe-se que, uma vez quedada a distinção entre significante e significado e verificada a necessidade de produção

[23] "As indústrias culturais caracterizam-se pelo seu aspecto altamente aleatório".

massiva comandada pela renovação acelerada, o produto cultural será danificado, sofrerá alteração na sua origem criativa tal como pôs Morin. E não se está falando de manter uma tradição clássica como a *inteligentsia* culta supervaloriza, mas de toda e qualquer cultura da qual a moda sabidamente se vale sem fronteiras e escrúpulos.

Uma democracia da moda pode ser combatida, inclusive, em termos práticos. A liberdade pelo uso e compra de uma peça da moda não é privilégio para qualquer um. É o que defende a historiadora brasileira Maria Cláudia Bonadio: "Para usufruir da moda, das criações é preciso obedecer, encaixar-se em certos padrões especialmente o corporal. A moda não é democrática, não permite o gosto livre. Há um corpo ideal, criado pelos estilistas, um corpo-parâmetro que não pode ser ignorado".

O que top models como Gisele Bündchen representam fica na esfera da simulação sedutora dos signos que eslas vendem. Contrariando Pierre Bourdieu quando ele afirma que o *gosto pela liberdade* pode ser usufruído por todos que possam ir além de suas necessidades básicas (comer, vestir, morar, etc.), Maria Cláudia o refuta com um argumento básico: as grifes mais caras e mais prestigiadas (mais da moda) produzem peças para lojas e não produtos sob medida. "Na maioria dos casos, as peças encontráveis no varejo de luxo são concebidas para mulheres com *corpinho de modelo*. As que necessitam de números maiores não os encontram à venda", ressalta. E remata: "Aqueles que podem usufruir do gosto da liberdade são os únicos que têm a possibilidade de construir um *estilo pessoal*".

Estabelece-se, assim, uma cultura do desejo do outrem, da sedução frívola daquele novo, mutável e nunca alcançado. O que a cultura à moda da mídia faz é entorpecer o produto cultural a tal ponto de tornar premissa a troca imediata de signos. A isso, Baudrillard coloca: "A curiosidade não é um gosto por aquilo que é bom ou belo, mas por aquilo que é raro, por aquilo que temos e que os outros não têm". Completando seu raciocínio, diz que a moda "não é um apego ao que é perfeito, mas ao que é procurado, ao que está na moda". Nesse sentido, a moda-punk entra cumprindo um papel tanto da aceitação do que é oposto a essa idealização – o feio, o disforme, o fora dos padrões – quanto de uma consistente naturalização desse oposto no inconsciente social. Hoje se vê, em qualquer classe, pessoas usando calças jeans rasgadas, desfiadas ou rabiscadas como se tivessem sido pichadas, cabelos propositadamente despenteados, botas semelhantes a coturnos militares ou correntes e piercings pendurados pelo corpo. Até os espartilhos, agora estilizados e menos agressivos, já não fazem mais lembrar necessariamente o fetiche. No seu escândalo, o punk trouxe às ruas naturalidade à moda e à indumentária.

Portanto, revela-se aqui uma outra e definitiva face da influência do prêt à porter na moda-punk: o seu aspecto produtivo. Em menor grau do que na questão da popularização da roupa jovem, conforme já levantado, a moda pronta para vestir foi também essencial menos na composição e mais na própria manutenção da moda-punk nas passarelas e nas ruas desde que foi inventada. Mesmo com o advento da produção industrial e em série, o prêt-à-porter não intencionava matar o sob-medida, apenas redirecioná-lo. E foi o que aconteceu: procedeu-se uma distinção nítida do *produto da indústria* e o *feito à mão*, de modo que este último passou a constituir um dos aspectos mais significativos da moda. É na customização e no trabalho artesanal que se encontram as diferenciações qualitativas e a originalidade, mesmo que sutis, do designer e do criador de moda. Não é preciso dizer que a moda-punk é uma das mais efervescentes modas quando se trata de produção artesanal da estética.

Imorais e Irracionais

Com tudo que já fora dito a respeito do punk até aqui, fica óbvio que, sempre que é abordado (e não outras culturas adolescentes como hippie, mod, beatnik, disco ou funk), elevam-se à décima potência as reações e as implicações tanto da manifestação em si (anárquica e agressiva) quanto de sua receptividade e catarse (chocante no formato em que estiver). Apesar de tudo, é impossível dissociar o punk de toda uma leva de movimentos jovens sessentistas e setentistas prenunciados por todos os distúrbios sociais planetários que se alastravam desde os anos 50. Nietzsche, em seus escritos sobre Schopenhauer, vai ao ponto certo dessa necessidade de manifestação social: "Se todo grande homem chega a ser considerado, acima de tudo, precisamente o filho autêntico de seu tempo e, em todo caso, sofre de todas as suas mazelas com mais força e mais sensibilidade do que todos os homens menores, então o combate de um tal grande contra seu tempo é, ao que parece, apenas um combate sem sentido e destrutivo contra si mesmo. Mas, justamente, apenas ao que parece: pois o que ele combate em seu tempo é aquilo que o impede de ser grande, e isto para ele significa apenas: ser livre e inteiramente ele mesmo".

O punk possuía e possui uma identidade política definida, mesmo que às vezes vagamente: a da esquerda. Contudo, no caso específico dos punks ingleses, os versos "Eu sou um anticristo/ Eu sou um anarquista", presentes no hino do movimento, a música *Anarchy in the U.K.*[24], do Sex Pistols, não implicam, na realidade, o que pregava Bakunin. Discursiva e poética – afinal de contas, estavam eles fazendo arte –, a mensagem da música era menos prática do que conceitual. Inconscientemente, talvez, o punk não procurasse mesmo uma *verdade*, tão desacreditada aos olhos desses novos céticos. Os skinheads, logo depois de acalmado o agito do punk-rock na Europa, foram os que mais levaram a cabo os protestos descritos nas letras das canções. Porém, a facção já não respondia por toda a ideologia do movimento – até porque, em muitos casos, a produção artística, predominante nas duas fases do punk, sequer existia, sobrando apenas os protestos e manifestos radicais do contra.

A verdade para os punks, mesmo que estivesse sendo procurada, nunca seria alcançada, pois, na sua enlouquecida corrida, partindo do nada e indo em direção ao mesmo vazio de sentidos, se lhes impunha um fim igualmente indefinido. A cena punk, grandiosamente, não objetivava coisa alguma com seu corrosivo cinismo;

[24] Primeiro single gravado pelo Sex Pistols, lançado em dezembro de 1976 ainda pela gravadora EMI. A música, que atingiu o top 30 em vendas na Inglaterra naquele mês, está presente em gravação original no LP *Nevermind the bollocks, here's the Sex Pistols* (ver pág. 107). Encontra-se em versão ao vivo na trilha sonora "póstuma" *The great rock'n'roll swindle* (1979), registro do filme musical dirigido por Julien Temple com a banda já sem Johnny Rotten que, logo depois das filmagens, anunciava o fim da banda.

como num reflexo, esse sim *verdadeiro*, da *falta* de verdade daquilo tudo. "Os punks tinham à sua disposição", elucida Bollon, "*uma estratégia cínica, mas não um horizonte cínico*". Sem *metas*, sem preconcepção de um *término*, apenas uma inquietação sensorial que girava indefinidamente sobre si mesma sem, contudo, jamais findar com o seu próprio objeto. Restava-lhes apenas um petulante sorriso amarelo no canto da boca diante de sua desistência das alternativas sociais e ideológicas. "*No fun, my baby / No fun*"[25].

[25] Trecho de *No fun*, da banda The Stooges.

No Brasil, onde a cena obteve uma de suas melhores e mais originais representações (com grupos como Cólera, Os Replicantes, Ratos de Porão, Histeria, AI-5, Restos de Nada, Olho Seco, Inocentes, Fogo Cruzado, Grinders), muito se manifestaram os punks em suas composições, algumas com um misto de anarquismo e ingenuidade com relação à vida. A letra de *Não devemos temer*, de 1985, da banda punk Garotos Podres, é um bom exemplo – até pelo "ato falho" da palavra *exploradores*, quando, para o sentido que se propunha dar, certo seria *explorados*:

> Não devemos temer
> Os que detêm o poder
> Se eles são um
> Nós somos um milhão
> Os exploradores precisam
> Se unir
> Para o Sistema destruir. [26]

[26] *Não devemos temer*, do álbum *Mais podres do que nunca* (1985).

No trecho de uma outra música do mesmo grupo, se nota, inclusive, ressaltada já nos primeiros versos, a ingenuidade com a própria identidade política (anarquista) na qual militavam:

Eu não sei o que quero
Mas eu sei que eu vou conseguir

Eu não sei o que quero
Porque vivo bombardeado
Essa massificação
Me diz o que devo fazer
O que devo vestir
O que devo falar
O que devo pensar
(...)
Ligo aquela máquina
De lavagem cerebral
E aceito tudo que me impõem
Por isso eu não sei o que quero [27]

[27] *Eu não sei o que quero*, do álbum *Mais podres do que nunca*.

Os versos, poéticos dentro de sua lógica e terreno, no entanto, ficam restritos ao produto pop. Mesmo que os punks que se proliferaram por todo o Brasil, em sua maioria, escutassem músicas como essa dos Garotos Podres mais pela necessidade de manifestar e repartir sua insatisfação, rebeldia e afirmação de valores individuais do que saciá-lo na prática. Claro que não se excluem as atividades violentas de alguns punks; no entanto, ficaram sempre mais a cargo de gangues ou situações ocasionais que não saíam do próprio grupo. A desilusão e o descrédito com o mundo produzidos na psiquê da juventude rebelde niilista dos anos 70 e início dos 80 causavam muito mais melancolia e tédio do que mostras de violência física. *Tédio (com um T bem grande pra você)*, lança o músico Renato Russo numa de suas letras da Legião Urbana. A agressividade pertencia ao estilo, e não muito mais que isso. "A cultura de massa (...) na nova classe adolescente (...) tende a enfraquecer as arestas, a atrofiar as virulências", coloca Morin.

O que fica é que o anarquismo no punk, mesmo extremista nas palavras, não vinga nas ações concretas. Certo é dizer que o punk é *anárquico* e não propriamente anarquista.

Ratificando essa discordância entre discurso e ato, é digna de nota a declaração do estilista brasileiro e ex-punk Heitor Werneck justificando o porquê da sua dissidência do movimento organizado: "Tinha muita briga de gangue. Poucos lutavam de verdade contra o poder. Não via ninguém colocando fogo no Banco Central, mas via muitas brigas entre grupos rivais". Porém, não seria correto desmentir a ideia de democratização de que o punk é saudavelmente impregnado, onde todos podem agir no seu campo sem preceder de técnica ou de embasamento da cultura dita clássica ou culta – embora não seja nenhum demérito nem traição aproveitar-se dela. Ou mais: pelas vias de um sarcasmo corrosivo que, se superficialmente enxergado, só geraria ira e desarmonia, o punk, ao enfiar o dedo nas feridas de tudo e de todos (inclusive deles próprios enquanto seres sociais), intuía, assim, um profundo humanismo. Captar e exteriorizar os males da sociedade moderna (e pós-moderna) deplora, através de uma originalidade contundente, os errôneos rumos do homem no planeta. Na literatura de Kafka, escrita na primeira metade do século XX, essa desgraça humana já era tão óbvia e familiar quanto amargamente irreversível. A arte dos punks, com sua música, sua dança, sua arquitetura, seu grafismo e, principalmente, sua indumentária, é a prova e a concretização de um denso e radical humanismo.

A mais valiosa contribuição em termos de conceito do punk e de sua indumentária para a moda industrial está no espírito de subversão. Se, por um lado, o grito anarquista não foi alto o suficiente para mobilizar e fazer eclodir um verdadeiro levante organizado e planejado, somente o canto subversivo que a cena entoou já lhe garantiria lugar de destaque entre as movimentações sociais e comportamentais da segunda metade do século XX. Nunca antes havia se quebrado tanto a lógica do bem-vestir, até então inseparável da indústria de roupas e acessórios. E mais: essa atitude propôs o contrário da elegância, ao charme, ao bonito, valores da sociedade de consumo que nem o prêt-à-porter havia ultrapassado de um todo – até por não ser essa sua intenção. Se a geração de Yves Saint Laurent relativizara a ideia de distinção da moda, o punk estraçalhara tudo dentro dela. Curiosamente, esse racha esquerdista do culto ao belo conseguiu naturalizar a indumentária e, assim, democratizar mais ainda a moda.

Na corrente de pensamento marxista, é normal analisar a história da moda como um sistema cíclico dado pelo pensamento aristocrático e burguês – portanto, nada democrático. Por esse raciocínio, a moda se daria de cima para baixo na sociedade, fazendo prevalecer o desejo das classes dominantes e suas razões. Isso até o momento em que, depois de despejar uma carga massiva de informação no outro extremo social, passam a necessitar que se busque nas camadas mais baixas alimento para novas criações, uma vez que já assimilaram aqueles preceitos. Ao remeter de volta essas informações para a recriação de novos valores superiores, completa-se o ciclo informativo. Dentro desse pensamento, o punk, assim como outros tipos de moda streetwear, seria a ponta de baixo do sistema, e sua existência dependeria totalmente da estrutura aristocrático-burguesa. Nem por isso perde-se a referida contribuição do punk para a sociedade moderna – no máximo, faz diminuir seu efeito subversivo, pois seus exemplos, sempre ampliados e definitivos, parecem gozar inclusive dessa lógica cíclica e recicladora.

O único modo de contrapor essa lógica foi aplicando o que pode se chamar de *propaganda da contrapropaganda*, um dos elementos-chave da moda-punk. A utilização que o punk fez do tema sexual é emblemática. Recorrente em demasia na mídia, o sexo é um dos motes mais explorados na moda em todos os seus níveis e possibilidades, do erotismo à pornografia, do psicológico ao físico. Para que valham os conceitos de elegância, charme, beleza, glamour e outros atribuídos à moda é que normalmente se ancora sexo a ela, num jogo consciente da indústria cultural de aceleração do efeito de encantamento dos produtos. No punk, não. O sexo está ali, mas da maneira mais sincera possível. E isso se deve ao fetichismo sem máscara, puro. Mas, como não existe fetiche sem proibição, é exatamente essa contradição que provoca o choque. Ao mesmo tempo explícito e oculto, tanto nega o sexo nos moldes como ele é explorado na grande massa como também o faz se afirmar enquanto propriedade antropológica do homem, salientando os conceitos de sentidos e sentimentos mais relevantes que o fetiche envolve. Chega a diferenciar-se, inclusive (e aí está posto, mais uma vez, um abismo de significações moda versus punk), da maneira como as coisas são fetichezadas, sexualizadas na publicidade e na moda moderna. Estas se valem do papel essencialmente comercial que as implicações psicológicas (poder, status, prazer, satisfação, ostentação, supressão e outros) advindas com o fetichismo podem causar no consumidor-comprador.

O fato é que, no cerne da filosofia punk, reina o já tão citado niilismo. Nesse caso, é impossível não remeter a Friedrich Nietzsche. Salientando que o niilismo não brota somente da indigência social ou da degeneração filosófica, e, sim, de uma causa muito maior, manada das ruínas dos preceitos cristãos e morais, diz ser produzido das forças entre a "ausência de sentido" da sociedade e o ceticismo aos juízos de valor dessa mesma. "A ruína da interpretação moral do mundo, que não tem mais nenhuma *sanção*, depois que tentou se refugiar em um além, termina em niilismo", sentencia o filósofo em sua obra *A vontade da potência*, da última metade do século XIX. "Foi a moral que protegeu a vida do salto do nada, naqueles homens e classes que foram violentados e oprimidos por *homens*: pois é a impotência contra os homens, não a impotência contra a natureza, que gera a mais desesperada amargura contra a existência", conclui Nietzsche.

A pergunta fundamental dos niilistas é "para quê?", dizia Nietzsche. Tal indagação aparece quando do despedaço de uma autoridade sobre-humana (Deus, representado na figura decadente e humana da Igreja Católica) e quando da procura de um novo comando, uma procura sem achado. "Foi em vão até agora!", proferem os punks. Quando as implicações recaem para a esfera política, a mais diretamente combatida pelo punk, e não se encontram respostas em parte alguma, surge o vazio, o pessimismo, a não-razão, o não-crer em tudo, inclusive em si mesmo. "Os punks não estão a favor disto ou daquilo, senão contra: contra os adultos, contra os companheiros e contra todo tipo de tradição que radique no passado", diz o sociólogo espanhol Josep Picó. É a queda do *mito*. Não parece, agora, à toa que Kafka, ao metaforizar o egoísmo e a tirania das superadas autoridades tradicionais – representada na figura de um insensível e omisso pai de família – tenha inventado o personagem Odradek em *A obrigação de um pai de família*, criatura sem existência definida. Ele representava, através da deformada *aparência*, sua diminuição enquanto ser perante o mundo (o pai), que lhe oprimia e que pouco lhe considerava.

Embora seja um produto social pop e juvenil próprio da modernidade, o punk lança luzes sobre a pós-modernidade. Funciona como um adiantamento palpável do que estouraria no meio teórico vinte anos depois. Sua leitura da sociedade, expressa com radicalidade, poética e consciência, prenuncia o constante não-saber do vácuo cognitivo pós-moderno. A geração vazia proposta por Richard Hell em seu LP histórico de 1977[28] aqui volta a vingar. Para Baudrillard, a pós-modernidade responde "a um espaço vazio, à eliminação das fronteiras e dos limites e onde não se sabe mais o que colocar". Mesmo levando em conta o certo escapismo determinativo do conceito de pós-modernidade, é sabido que o punk social, política e esteticamente influiu

[28] *Blank genaration* da banda Richard Hell & The Voidoids (1977), produzido por Richard Gottherer e Richard Hell.

com suas características na transformação da moda nos anos 80, 90 e além.

Tanto se aborda o *vazio*, o *nada*, o *sem-senso* que cabe, por coragem, entender o porquê disso, o sentido que está na falta de sentido. A questão primordial é que, como já comentado, a onda punk só existiu dada a situação político-econômica do ocidente dos 60 e 70, tanto quanto os reflexos psicossociológicos e as mudanças comportamentais que gerou. Portanto, a única lógica de comunicar esse nada era quedando o mito. "*No more heroes / anymore*", cantavam sabiamente os britânicos The Stranglers[29]. Certamente, não foi coincidência que o Sex Pistols tenha popularizado brados como *No fun, No feelings, I'm not your, No future for you* e *No one is innocent*! Se, em 1977, o tão ligado a essa subcultura David Bowie permitiu-se dizer que todos queriam ser heróis pelo menos por um dia[30], é porque o cenário já anunciava mudanças radicais provindas do desengano com o catolicismo, com a família, com a esquerda, com a direita e com o Estado. A negação é a saída: negar para aceitar. A melhor tradução desse quadro está nos versos iniciais de um dos sucessos do grupo punk nova-iorquino The Dead Boys:

> Eu não preciso de ninguém
> Não preciso de mãe e de pai nenhum
> Não preciso de um bom conselho
> Não preciso de direitos humanos
> Eu tenho uma notícia para você
> Não preciso nem de você também[31]

Reside na base do pensamento punk uma liberdade nunca antes vista nos movimentos

[29] *No more heroes*, presente no álbum *No more heroes*, de The Stranglers (1977).

[30] *Heroes*, do álbum *Heroes*, de David Bowie (1977), produzido por David Bowie e Toni Visconti.

[31] Trecho de *Sonic reducer*, em *Young loud & snotty*, de The Dead Boys (1977).

juvenis, mesmo no proliferado hippie. Quando Martin Scorsese propôs a até engraçada discussão punk-caubói na cena de *Taxi driver* já citada, queria demonstrar que a atitude está acima da aparência para o punk. "A vontade de aparência, de ilusão, de engano, de vir-a-ser e mudar (de engano objetivado) é tomada aqui como mais profunda, mais originária, mais *metafísica* do que a vontade da verdade, de efetividade, de aparência", já intuía Nietzsche em fins de século XIX. A aparência, ao filósofo, "é meramente uma forma da vontade de ilusão". Essa é a lógica e a moral do personagem Travis Bickle de *Taxi Driver*: ele sentia-se tão punk que não dava a mínima importância a como *aparentaria* isso, até o momento da história em que, desvairado, assume a moda-punk como vazão de sua loucura. Vislumbra-se o punk emotivo de William Borroughs. E, por que não, o naturalismo primitivo de sentimentos do romantismo! A própria criatividade do punk ao se vestir é fruto dessa liberdade, onde todas as combinações (por mais estapafúrdias que fossem, dadaístas até) eram aceitas e integradas. Num mesmo look, a moda-punk pode ir do barroco ao minimalismo, do vitoriano ao anarquista, do conservadorismo à vanguarda.

No instante em que o *sentir-ser* supera o parecer, dá-se espaço para, talvez, a maior revolução que o punk inseriu na moda moderna: a liberdade. Em contrapartida, a rápida indústria da moda absorveu essa lógica a partir da última década do século passado. Não são poucos os manuais de moda que sustentam a ideia de *vista-se como quiser dentro da adequação que nós propomos*. Toby Fischer-Mirkin, em seu livro *O código do vestir*, ao referir-se ao estilo punk como uma das opções de roupa para a mulher dos dias atuais, indica que "é possível usar alguns itens específicos da vestimenta punk para obter um efeito dramático ou para modificar o visual de acordo com suas próprias especificações". E ainda aconselha: "Isso seria adequado para uma festa louca ou evento social ultracasual".

É exatamente nesse ponto que os punks e seus críticos aliados acusam a moda de alienada, deturpadora e maléfica. Se, no princípio, o estilo punk nasceu para exprimir todo um sentimento de inconformidade, ao cair na reciclagem da moda, esse estilo perde seus sentidos originais para tomar outro exatamente oposto: o mercadológico. Antes, um alfinete, um corte moicano, uma camiseta rasgada, uma estampa riscada ou uma calça jeans esfarrapada e imunda eram mostras de rebeldia, autoflagelação, anticensura, combatividade ou o que se estivesse querendo condenar. Agora, no domínio das tendências transitórias, esses elementos passam a ser meticulosamente empregados para *fazer de conta* que estão expressando o que outrora se quis dizer, tornando latente um significado implícito. O famoso *fake* nada mais é que o resultado desse processo de recriação-reciclagem, o que, em semiologia, poderia se chamado de *conotação*, quer dizer, a imagem mental que se tem do tipo punk. Para Barthes, a conotação transmite a ideologia ou o mito de uma sociedade, ou seja, "os sentimentos, as associações e as impressões" que a imagem faz aflorar à mente, resultantes da classe, da nacionalidade, do sexo, da idade, etc. No que tange à denotação, Barthes a enxerga como "o sentido literal de um termo ou de uma imagem", tendo a função, portanto, de tornar natural a conotação (ou a ideologia). Ao aplicar seus valores ao conceito de vestir original punk, a moda conota um outro sentido que não *somente* aquele que o estilo primário (a essa altura, uma *denotação*) procurava dar.

Umberto Eco é outro importante semiólogo que volta seu olhar a esse atributo "fantasioso" da moda. Para ele, a vida em sociedade, ou seja, a vida da cultura compõe-se de "atos de comunicação" – dos quais fazem parte o vestir, o portar-se, o movimentar-se, o exalar, etc. – e de coisas que funcionam para comunicar. O que Eco quer delinear é que entidades gestuais ou sonoras normalmente *dizem que*, enquanto outras coisas *servem para* dentro do processo comunicativo da vida cotidiana. De fato, como o próprio estudioso ressalva, "a distinção entre *dizer que* e *servir para* muitas vezes é mínima". No âmbito da moda e da moda-punk em especial, essa afirmação por vezes se concretiza. Da mesma maneira que há instrumentos de comunicação (como uma palavra escrita ou pronunciada, por exemplo) que interferem no plano físico, existem também instrumentos destinados a modificar fisicamente as coisas que, em determinada situação, podem tornar-se contundentes atos de comunicação. Um cadeado ou uma corrente, vulgarmente conhecidos como objetos portáteis apropriados para prender outros objetos, na indumentária dos punks recobrem-se de outras funções, portanto, de outras significações. O mal-estar mundial, a degradação sócio-igualitária e a tirania política que tolhe as liberdades e explora os oprimidos se revelam as verdadeiras *amarras*. Cadeados e correntes, na linha de pensamento de Eco, *dizem que* suas funções são, sim, prender *objetos*; mas que, no universo punk, vêm a *servir para* dizer que esses *objetos*, agora, tornaram-se o próprio ser humano.

No punk, há um deslocamento de sinais que vale-se da moda para emitir toda uma significação própria. Mais do que um *deslocamento*, percebe-se uma *inversão* de significados. Tirando como exemplo de sinais o cadeado e a corrente (mesmo que correto seria também incluir nessa indução de inversões os alfinetes, as coleiras, os coturnos, a gravata e outros acessórios, porém cada um com seu significado correspondente), o que a moda-punk faz é transpor objetos do cotidiano – portanto, de funções específicas e práticas – para um plano psicológico e comunicativo mais amplo; logo, ideológico. Uma corrente e um cadeado podem, numa situação corriqueira, comunicar que, por exemplo, um portão lacrado com ambos os objetos está intransponível a todos que nao possuem a ferramenta indicada (chave) para removê-los e ultrapassar o portão. Mas para por aí esse "discurso". Dificilmente, um portão lacrado de tal maneira e sem grandes intenções ideológicas significará *combate à burguesia* ou *indignação com o sistema*, tal como referencia a moda-punk quando se utiliza desses mesmos elementos. Somente o fato de pô-las no corpo já indica uma inversão. Eco esclarece que "há casos em que o objeto perde tanto sua funcionalidade física e adquire um valor comunicativo a tal ponto que se torna acima de tudo um sinal, e permanece objeto apenas em segunda instância".

Voltando ao tema do sentir-ser subjetivo, Nietzsche é preciso quando afirma que "melhorar o estilo de uma pessoa significa melhorar os pensamentos de uma pessoa e nada mais: aquele que não admitir isso imediatamente jamais será convencido disto". Ressurge a figura de Travis Bickle!

Pierre Bourdieu reforça a ideia quando separa "gosto de necessidade" de "gosto de liberdade", sustentando que não é para qualquer um "construir um estilo pessoal", pois nele estão incutidos diversos fatores do embasamento cultural dependentes das condições sociais de cada indivíduo, embora se possa aprendê-lo. Ora, se, como combateu Maria Claudia Bonadio em sua crítica à falsa democratização da moda das grifes (algo procedente, saiba-se), é porque se pressupõe valor a esse sistema; é porque se quer fazer parte desse meio de frivolidade. No punk, até certo ponto, quebra-se essa lógica devoradora, haja vista que nele não está sugerido o *espelhar-se no outro* como regra, tal qual na moda. A aceitação de si próprio no punk é uma metáfora do *aceitar-se*: não resta nada mesmo a seguir e crer. "Eu pertencia à *geração vazia*. Era pegar ou largar'", contou em tom irônico Richard Hell em entrevista nos anos 90.

Verdades inexistentes, imoralidade em vista. "Uma poética da cidade vista como um gigantesco caos desprovido de significado e uma moral realista-cínica da adaptação: em suma (...), uma completa *visão de mundo*", bem coloca Patrice Bollon. Sobre a inevitabilidade da criação de um estilo punk, a canção *Punk da periferia*[32], de 1984, de autoria do cantor e compositor Gilberto Gil, talvez seja a que melhor a traduza:

[32] *Punk da periferia*, do álbum *Extra* (1984), produzido por Liminha.

Das feridas que a pobreza cria, sou o pus
Sou o que de resto restaria aos urubus
Pus por isso mesmo esse blusão carniça
Fiz no rosto este make-up pó caliça
Quis trazer assim nossa desgraça à luz.

As críticas quando o assunto é moda vêm pesadas ao se tratar pelos ramais da razão e da moral. Radical, Baudrillard enxerga na moda a total liquidação dos valores próprios da era moderna. "Sob o signo da moda, são todas as culturas que funcionam como simulacros numa promiscuidade total", diz o sociólogo francês. Regida pelo esquema da constante ruptura, usa e abusa dos valores morais, culturais, políticos, religiosos alternadamente, independendo do contexto cultural (moderno ou antigo). O eterno acompanhar-inventar da moda sustentado por Lipovetsky constitui, para Baudrillard, na máxima do sistema da indústria do efêmero: a contradição como regra. Para ele, a ânsia pela troca constante indica justamente a carência de noção de valores da sociedade moderna, o que desemboca num interminável desejo do novo e do medo da morte (aquele mesmo temor surgido nas sociedades capitalistas no pós-Guerra, agora intensificados), dada a "reciclagem total e imediata" que compreende.

Para Baudrillard, "a fruição da moda é assim a de um mundo espectral e cíclico de formas volvidas, interminavelmente ressuscitadas como signos eficazes. Há como que um desejo de suicídio, diz König, que corrói a moda e se realiza na altura em que ela atinge o apogeu. É verdade, mas trata-se de um desejo contemplativo da morte, ligado ao espetáculo da incessante abolição das formas. Quero dizer que o próprio desejo da morte é reciclado na moda, que o esvazia de todo um fantasma subversivo e o implica, como todas as outras coisas, nas suas revoluções inofensivas".

Tamanha diluição e flutuação de significados fazem com que a moda-mercado abrace o que vê pela frente, e isso não poderia ser arbitrário. Razão? Nunca; apenas manipulação. E, o melhor, sem uma pontinha de culpa. Lipovetsky levanta que se possa compreender e aceitar a moda nesses termos: um espelho da pós-modernidade e só – o que não indica que se leve a um esclarecimento maior. Nisso, vale seguir com Baudrillard quando ele diz que "a moda impõe-nos profundamente a ruptura de uma ordem imaginária: a da Razão referencial sobre todas as coisas". Irracional por natureza, a moda, ao desmantelar a razão, corrompe a si própria, à própria racionalidade que implica vista sua alternância pura, simples e altamente descompromissada dos signos. A moda, como ressalta o sociólogo italiano Giorgio Lomazzi em seu artigo *Um consumo ideológico*, é uma manifestação de caráter basicamente estético que vai no irracional buscar sua inspiração. E não parece haver nada de errado nisso. O estilista Jean Paul Gaultier não esconde que, ao se valer de certos elementos do punk para suas coleções (no caso, coincidentemente – será? – do punk), não busca necessariamente o aspecto primitivo do significado deste ou daquele elemento. O efeito decorativo e artístico é o que lhe pesa mais na hora de criar um desenho, e não a razão pela qual aquilo existe.

Talvez o conceito de *bricolage*, levantado pelo antropólogo francês Claude Lévi-Strauss, preencha esse espaço ainda indefinido. Tanto um desenhista de moda como Gaultier quanto um punk da Bromley Contingent se identificam – se não em tudo, em parte – com o *bricoleur*, o fazedor de bricolage. O bricoleur é aquele sujeito próprio das sociedades modernas que, ao aventurar-se no campo artístico, produz sua arte de qualquer jeito e sem utilizar-se das ferramentas certas nem dos materiais adequados (tendo-se como referencial consensual a cultura clássica). Algo meio faz-tudo. Um estilista como Gaultier, por mais profissional que seja, tem, na sua formação, um pouco desse doce senso de aleatoriedade. Um punk desprovido de técnica claro que tem muito mais. Só o que Lévi-Strauss diz a respeito de um bricoleur (que ele, sentindo os acontecimentos à sua volta, vale-se de "restos e sobras" para compor suas produções) já dá a noção de que esse conceito da antropologia vai ao encontro da moda-punk.

Está em Lévi-Strauss a passagem que traduz a aspiração primeira de um bricoleur: "Aprisionado nos acontecimentos e experiências que este nunca cansa de ordenar e reordenar, na sua busca de para eles encontrar um sentido". Newman, analisando as palavras do etnólogo francês, compreende que está aí o verdadeiro dilema não só de um bricoleur, mas do próprio artista pós-moderno, pois se, como entende Eco, a "publicidade dada às escolhas e à respectiva corrida conformista à imitação esvazia muitas vezes as escolhas de vestuário do seu significado primitivo", esse sintoma nada mais é do que a própria sociedade "falando" como e porque está se constituindo sobre esses códigos extremamente flutuantes e intuitivos ditados pela moda.

Manipuladora da cultura, a moda, como um caleidoscópio antropofágico, abocanha o que encontra pela frente, jogando tudo dentro do ciclo. Marx, através do conceito do *fetichismo das mercadorias*, assim como Weber e os frankfurtianos, já de muito alertava sobre o perigo da transformação da cultura dentro da estrutura econômica da sociedade de consumo e a desregulamentação valorativa que esse fenômeno implica. Se nada é sagrado para os punks, como ditou Picó, para a moda, menos ainda. E, em um tempo indefinido de si próprio, a moda senta no trono da verdade. Em sua amoralidade, configura-se na moral da sociedade de consumo, na qual o vestuário que produz é a forma materializada. Nem contrária, nem conforme a moral, a moda afeta a tudo por conter em si o poder de regressar todas as formas às suas inorigens e à recorrência. O punk, uma das modas da moda, nem poderia se imaginar escapando desse rol. Por isso, é necessário antes verificar – e criticar, se for o caso – o cenário político-ideológico e cultural dos acontecimentos de dada época, no caso, a pós-modernidade. A moda-vestuário, a moda em si, é mais a consequência desse ambiente do que sua razão primeira e originária. Parafraseando Roland Barthes, Bollon diz que o sistema da moda e do comércio só serviram enquanto *teste*, enquanto experimento dos limites de tolerância da sociedade de massa para ver em que momento seria engolido.

Aí está a grande questão de toda a problemática apresentada entre punk, moda e moda-punk. A cultura punk digladiava com a mesma indústria de massa que a minava. A briga entre os criadores de substância e os copiadores-recicladores da cultura industrial foi vencida por quem é dono do poder econômico, ou seja, os últimos. Esperto como poucos, John Lydon – o ex-Johnny Rotten, líder do Sex Pistols – pinoteou assim que percebeu que o sentimento sincero que expunha e representava no movimento virara show, comércio, moda, virara fetiche. "Enganamos a nós mesmos", repete com frequência Lydon (o que não pode deixar de ser identificado como mais uma jogada de marketing do movimento punk). Richard Hell, ao surgir na cena nova-iorquina dos anos 70 vestindo a emblemática camiseta com os escritos *Mate-me, por favor*[33], sabia que estava lançando a quem entendesse a principal contradição que o punk propunha e propõe. A licença poética da psicanalítica frase deixa escapar o que Lydon veio a sentir tempos depois: que a autodestruição daquilo tudo estava levando a nada o que criaram, pelo menos naqueles moldes que estavam seguindo. A camiseta de Hell já carregava (mesmo que na fase áurea da cena) a cisão da pretensão artística e poética do punk. Em se autocompreendendo insuficiente para reger a si próprio (inclusive para acabar consigo mesmo), o punk pedia desesperadamente ajuda, *por favor*, a uma sociedade alienada e surda. Não é tolo que se possa aqui lembrar do desejo da morte de Baudrillard.

Com sua paixão pela mortificação, o punk acabou encurralando a si mesmo. Destruiu os valores do mundo – incluindo os seus próprios. Com o sucesso na mídia e em formato de produto cultural, esvaziou seu discurso anarquista e perdeu sua autonomia estética, tendo o caráter industrial

33 "A primeira vez que vi Richard Hell, ele entrou no CBGB's usando uma camiseta com um alvo e as palavras *Please kill me*. Aquilo era uma das coisas mais chocantes que eu já tinha visto. As pessoas tinham um monte de ideias extravagantes naquele tempo, mas andar pelas ruas de Nova Iorque com um alvo no peito, com um convite para ser morto – aquilo foi um verdadeiro marco". Richard Lloyd, guitarrista da banda Television e amigo de Hell, conta um acontecimento que, se não é revelador do caráter niilista e do difícil entendimento por parte da maioria no que se refere à lógica dúbia

da proposta punk, ao menos é engraçado. Lloyd relata quando "entrou numas" de usar a camiseta de Hell: "Assim, usei a camiseta quando tocamos no andar de cima do Max's Kansas City, e mais tarde uns garotos chegaram em mim. Aqueles fãs me lançaram um olhar verdadeiramente psicótico – olharam o mais fundo possível nos meus olhos – e disseram: 'É sério?' Daí disseram: 'Se isso é o que você quer, a gente ficará contente em obedecer, pois somos os maiores fãs!'. Ficaram me olhando com aquele ar alucinado, e pensei: 'Não vou usar esta camiseta de novo'."

de um lado e o de consumação diária de outro. Inevitavelmente, punk se tornou tão consumível, tão pop quanto qualquer pasta de dente de supermercado disponível ao bel-prazer do consumidor. Já a moda, não; convive e se embebe das tensões do mundo indistintamente, amoralmente, bem como o punk o fizera; o que, em verdade, já se percebia na criação do movimento. Desde que o Velvet Underground apareceu nos anos 60 com seu simulacro da realidade que tomava o lugar da própria realidade para forjar uma espécie de aparência pura que não se sabia mais se era verdadeira ou não, desde que David Bowie e Brian Eno intercederam no punk emprestando-lhe um estilo decadente e quase mitológico, o punk e, em consequência, a moda-punk tiveram uma moral ambígua, nem racional, nem irracional, ou tanto uma quanto outra. Lógica da ilógica, propaganda da contrapropaganda e vice-versa. A consciência de que seu movimento de estilo funcionava como uma contaminação fazia do punk, em todo seu decorrer, instrumental e metódico, ou, numa avaliação mais ampla, inteiramente *comunicativo*.

Moda-punk: resultado do conflito modernidade versus pós-modernidade; da sugestão democrática versus práxis democrática; da perda da razão versus ausência de razão; da contradição eminente versus digestão saudável da contradição. O fato é que a moda-punk está viva e abrindo diversas possibilidades a criadores como Gaultier, Herchcovitch, Ann, Prada, Versace, Galliano, Mugler e tantos outros. Avaliar o quanto a moda-punk se expandiu e afetou a indústria do efêmero nos dias de hoje, século XXI, é o que resta. Moda-punk: às passarelas!

I'M AFFECTED

A moda-punk nas passarelas

Faixa presente no álbum *End of the century* (1980), do grupo punk nova-iorquino Ramones. O disco foi produzido pelo genial e genioso músico, empresário e produtor musical americano Phil Spector. O produtor guarda em seu currículo trabalhos como os que fez como o The Beatles nos anos 60 em alguns dos mais celebrados discos da banda de Liverpool (*Let it be*, *Abbey Road* e outros). Antes disso, foi responsável por uma verdadeira revolução na indústria pop dos anos 50 e 60 ao criar o estilo *wall of sound* (*muralha sonora*), protagonizado por grupos vocais de música pop e rhythm & blues como The Ronettes, The Crystals, The Righteous Brothers e Ike & Tina Turner. O *imitado e jamais igualado* wall of sound era uma técnica bastante particular de produzir e mixar músicas em estúdio desenvolvida pelo produtor. "Uma massa sonora wagneriana com guitarras, metais e teclados em camadas, percussões em cascatas, cordas derramadas em arranjos épicos, vocalizações sobrepostas em tramas sofisticadas, tudo mixado com muito eco" (Revista Showbizz, 1999). Apreciadores do estilo de Spector, o Ramones, após ter lançado cinco discos e já consgrado, decidiiu realizar o sonho de gravar com o produtor – sonho que virou um verdadeiro pesadelo: perfeccionista e neurótico, Spector literalmente ameaçou de morte os integrantes da banda durante uma gravação por querer que se pusessem violinos no arranjo de uma das faixas do disco. A ameaça surtiu efeito, pois a música *Baby I love you* (hit do LP ao lado de *Do you remember rock'n'roll radio?*) contém a participação de uma orquestra de cordas que empresta delicadeza e classicismo à famosa rudeza e simplicidade do som do Ramones. Como *Baby I love you*, outras canções do álbum também foram *afetadas* pela mão de Spector, umas mais, outras menos. *I'm affected* não escapou dessa roupagem estilizada. Sua letra descreve o sentimento de um jovem apaixonado que diz ter sido *afetado* pelo seu amor. Menos pelo sentido da letra e mais pela sugestão ideológica, parece não ser à toa que uma música com o título de *Eu estou afetado* conste em um disco carregado (na dose certa) do "estilo Spector" como *End of the century* – estilo que remete indiretamente à erudição rebuscada e complexa do rock progressivo dos anos 70 tão combatido pelo Ramones. >

"Nossa música é uma resposta ao som da primeira metade dos anos 70. Aquilo tudo era uma bobagem", declarou certa vez Joey Ramone, vocalista da banda. Grupos musicais progressivos como Pink Floyd e Genesis, sempre bastante atentos aos truques de estúdio, muito se valeram dos elementos do wall of sound spectoriano. Tanto para a banda quanto para os fãs dela, *End of the century* não é o álbum preferido. Há fãs ortodoxos que nem gostam de comentar sobre sua presença na lista discográfica do conjunto, pois o julgam *modístico* e estilizado demais para o que normalmente esperam do som da banda. Jean Baudrillard disse: "Hoje, tudo é afetado no seu princípio de identidade pela moda". Moda ou não, o resultado final de *End of the century* é musicalmente elogiável: boas composições ao estilo Ramones redesenhadas pelos *graves e agudos* de Phil Spector resultaram num bom álbum que hoje, já admitidas tantas misturas ao punk-rock, é referencial para bandas que querem unir um estilo *rock básico* com uma sonoridade de mais trabalhada. Produtores musicais como Steve Lillywhite e Stephen Street são dois exemplos hoje da estirpe de Spector.

Chegou a hora de mostrar o porquê de toda a discussão desde o início proposta, pois as influências, as conclusões, as formas, as características, enfim, o embasamento mais importante sobre o tema já foi suficientemente levantado. O intuito agora é medir a ascensão do punk às coleções de moda e a constituição de uma moda-punk universal. A moda industrial desta entrada de século é cumulativa dos movimentos de estilos historicamente falando, mesmo que com o seu sabido anacronismo constitutivo. A sazonalidade das coleções (outono-inverno e primavera-verão) é a que vinga desde a instituição da grife, com verdadeiras mostras de criatividade a cada seis meses. Os grandes centros de invenção de moda também continuam a ser quase os mesmos: Paris, Milão, Nova Iorque, Londres, Berlim, São Paulo.

Entre os tantos estilistas brasileiros que utilizam a moda-punk em seus designs e concepções, um deles é Giácomo Lombardi, criador-chefe da grife mineira Vide Bula[34]. O desfile da coleção outono-inverno 2003 da marca, visto

[34] A marca de Minas Gerais Vide Bula foi

criada em 1980 pelos então músicos Roberta e Roberto Navarro. Eles abriram, no centro da capital Belo Horizonte, sua primeira loja de produtos importados no fim da década de 70 e logo se expandiram. Já tinham, sobretudo, o jovem como público-alvo. As butiques Krishna, Western, Chicletes com Banana e Z14, comandadas por Roberta, se transformaram em lojas da Vide Bula. Foi nessa época que se uniu ao casal o roqueiro Giácomo Lombardi (irmão de Roberta), que resolveu trocar a música pelas paletas de design, tornando-se, assim, o estilista oficial da marca – função pela qual responde até hoje. Em 1982, a Vide Bula entrou no mercado nacional, atendendo o segmento de jeanswear. Nesse ano, com o sucesso na venda a varejo, inauguraram a Vide Bula – Fábrica!, aumentando consideravelmente o número de clientes multimarcas espalhados por todo o Brasil. Hoje, consagrada nacionalmente, a grife também tem negócios no mercado europeu.

nos palcos da SPFW em janeiro daquele ano, trazia clara e explicitamente traços da moda-punk convivendo com outros estilos jovens. Por isso, será destinado um espaço à análise de tal coleção e sua relevância dentro do mercado e do universo fashion nacional.

Se no Brasil a moda-punk causa estardalhaço, na Europa, tanto mais. Como acontece desde os meados dos anos 80, Jean Paul Gaultier reina e, nesse aspecto – moda-punk –, é um verdadeiro catedrático. Há anos ele vem desafiando as regras da moda e dos conceitos de moralidade presentes nela (mesmo que em abstração). Para tanto, alimenta-se em boa parte dos casos da expressividade corrosiva e chocante do punk para causar a catarse pretendida. Já aceito no rol da alta-costura, o *enfant terrible* não poupa nem o sob medida, a bela arte. Punk nela! É por isso que sua coleção de alta-costura, a de primavera-verão 2002, apresentada em Paris em janeiro do mesmo ano, enquadra-se como segundo e definitivo exemplo para a análise sugerida.

Antes, no entanto, é necessário desfazer um possível contrassenso: se o punk e sua indumentária são conceitualmente uma espécie de síntese e de conclusão de todos os movimentos de estilos no momento em que leva ao grau zero o *fake*, a *manipulação* da imagem através de uma reciclagem antropofágica de todos os estilos que lhe antecederam, como escolher apenas duas coleções de moda para exemplificar a moda-punk? Se, como diz Patrice Bollon, o punk "foi o primeiro [movimento de estilo] a saber quem ele era, o primeiro a integrar em seus comportamentos uma espécie de *memória* de todos os outros", além de ter sido o pioneiro na avaliação da "verdadeira dimensão daquela *civilização da imagem* na qual evoluía", por que não eleger aleatoriamente qualquer coleção de moda para examinar?

Embora não fosse totalmente errado escolher com tal aleatoriedade, acabaria sendo – por mais irônico que pareça – reducionista com essa opção. Quer dizer: para efeitos jornalísticos e didáticos, soariam inapropriadas ou até vagas as argumentações para, por exemplo, se justificar a presença da moda-punk numa coleção beachwear da Rosa Chá – embora ali esteja, muitas vezes, um design minimalista ou cores e pontos glitters, subestilos do punk. Para não ficar nenhuma dúvida nas exemplificações, tanto a outono-inverno Vide Bula quanto a primavera-verão Jean Paul Gaultier são coleções em que inegavelmente viram-se traços do que se quer salientar, ou seja, a moda-punk. Para tanto, a seguir serão destacados, como subtítulos de cada análise, termos e expressões usados em textos sobre ambas as coleções divulgados na mídia impressa e eletrônica, cujas ideias são comuns tanto à moda-punk quanto às coleções em si.

A moda-punk na outono-inverno 2003 Vide Bula

A proposta central da coleção jeanswear mostrada pela Vide Bula na SPFW de 2003 é o mix de estilos. A marca cunhou um caldeirão de estilos onde coabitam punk, metal, hippie, skate e outras tribos como skinheads e colleges. Essas são as mais visíveis modas nas quais a grife se inspirou para montar seu streetwear jovem. O motivo para tal proposição foi o mesmo de muitas outras grifes de moda do mundo naquele momento: o protesto contra a eminência de uma guerra no Oriente Médio[35]. O que foi visto no palco durante a SPFW foi uma moda politizada e pacificamente de protesto. Os modelos – quase crianças de tão jovens – surgiram na passarela ao som do discurso *I have a dream* de Martin Luther King.

[35] Em janeiro de 2003, quando do lançamento da coleção, a opinião pública mundial e a ONU repudiavam a forte eminência (depois confirmada) de um ataque das Forças Aliadas (Estados Unidos e Grã-Bretanha) ao Iraque. A justificativa para um confronto armado não era bem esclarecida, como nunca foi.

Sainhas de tule, mimissaias jeans plissadas e vestidos jeans justinhos

A "panóplia" punk desta coleção já se revela nos primeiros looks femininos. As *sainhas de tule* lembram, numa versão modernizada, as minúsculas saias que as meninas da cena punk desavergonhadamente vestiam, a ponto de mostrar uma ponta da calcinha entre as pernas e a pele branca das coxas. Pode-se dizer modernizada pela sensualidade feminina (mesmo que rebelde) e por conta do tecido que compõe a peça, uma vez que os materiais da moda-punk original buscavam estilo nos materiais mais baratos (tecidos sintéticos, skai, plástico ou borracha). De tudo, uma diferenciação básica é notada: a da produção planejada e em massa, por parte da grife, e a da construção própria e artesanal de seus trajes (no entanto, não menos planejada), nos punks das ruas londrinas.

As *minissaias plissadas* e os *vestidos justinhos* valem-se do jeans (carro-chefe da Vide Bula), o popular e carregado de rebeldia jeans. Mesmo que sua apropriação normalmente seja atribuída mais ao estilo hippie (o que na, coleção em questão, também é uma verdade), pode-se novamente remeter à moda-punk – tanto pelo fato de ser um tecido que fora largamente usado, difundido e customizado pelos jovens do movimento (rasgos, pichações, estamparias, desfiados, lavagens) quanto pela representação que o jeans tem desde o início do século XX ao se associar a grupos de esquerda, ao proletariado e a grupos marginais e antiestablishment como os rockers. As características plissadas e justas vêm quebrar uma possível aliciação ideológica, amenizando e estilizando.o look.

Tops de malha

Os *tops de malha* vêm com um dos trunfos da antimoda punk (e da própria coleção): a estamparia. A simbologia de reversão e contraposição dá o tom e o espírito da coleção, que tenta explorá-la de forma a se desviar da simbologia tradicional. A marca abusa dos grafites, estampas camufladas, numa clara referência ao punk e ao skinhead da segunda onda (até certo ponto, um filho do movimento punk). Imagens fortes aparecem, daí, com mensagens light. As camisetas, por exemplo, surgem pichadas com dizeres como *Kennedy for president*, *Otimismo* e *Preconception*. Tudo explorando, óbvio que mais levemente, o grafismo típico daqueles primeiros punks, que copiavam a vulgaridade dos jornalecos alternativos de Londres e dos fanzines que publicavam para estampar seus ditos de revolta em peças de roupa, principalmente em camisetas e t-shirts. Os tops da Vide Bula trazem também um ar artesanal, como se as estampas tivessem sido rabiscadas ou pintadas pelos próprios usuários.

Cabelos moicanos

Como já referenciado, o punk criou todo um novo paradigma para o universo *hair*. Os cabelos organizadamente despenteados, prática que os punks ingleses muito utilizavam, entre outras coisas nesse quesito, estão totalmente em voga. Mais radical, porém não menos comum, principalmente entre jovens (público-alvo da grife), o corte moicano marca presença na coleção com muita força. Quando associada a um jeans trabalhado, a metais fincados pela roupa e pelo corpo, a coleção de Lombardi cria um de seus looks mais fiéis ao punk entre as mais de 800 peças da coleção. Na concepção da coleção, o rapaz assemelha-se a um novo guerreiro punk, que combate a situação caótica da era Bush e, ao mesmo tempo, recorda antigas canções de amor. O moicano dos combativos índios americanos se revela aqui com um maior tratamento e não com a rusticidade dos punks. Calças rasgadas nos joelhos completam o significado da crítica, agora à intolerância religiosa, seja ela de que credo for, porém impreterivelmente contrária à apatia.

Qual no auge do movimento, os cabelos variam também. Meninas usam chiquinhas, que lhes emprestam um ar de colegiais depravadas, um penteado mais volumoso ou mesmo um corte simples e bem arranjado. A escolha de Lombardi foi transferir as cores – que, nos punks londrinos, apareciam mais nos tingimentos dos fios capilares e nos acessórios – para as peças de roupa. Marrom, vermelho e preto, e ainda o cobalto e o verde, estão na formação da paleta de cores principal da coleção, sendo que os cabelos passam a sensação de estarem em tons naturais.

Estilo militar

O verde militar é uma das cores escolhidas para essa coleção. Também, pudera: um dos melhores instrumentos de contestação que a moda já criou, o de desmistificar o militarismo, é pratica desde a invenção do prêt-à-porter – porém, intensificada ao máximo pelos punks. Toda a gama de signos que o punk fazia conflitar entre si (a rainha Elizabeth II ao lado de anúncios pornográficos; a suástica nazista com símbolos stalinistas; objetos da realidade cotidiana fazendo par com elementos ficcionais dos HQs, etc.) propunha uma ridicularização da indumentária militar; tanto que o ponto alto da apresentação na SPFW foi uma camiseta estampada com o rosto do presidente dos Estados Unidos, George W. Bush, com um nariz de palhaço. A desaprovação do american way of life, vinda lá dos beats, sugerida nos punks undergrounds e consumada na anarquia do punk de 77, revela-se, aqui, com um tom de condenação ao que está errado no mundo. Porém, funciona tanto mais como resposta a todo o tipo de terrorismo, seja ele cristão, islâmico ou judeu por atacar exatamente a figura do que se entende como propulsor desse terrorismo – o presidente americano.

Neste caso, a Vide Bula utilizou-se de alguns desses elementos de milícia. O principal deles viu-se na estamparia de jaquetas slim, calças e bermudões, com o clássico camuflado verde-preto-marrom. Os cintos em couro envelhecido com brasões militares e o velho coturno punk denotam mais ainda essa tendência. Casacos masculinos tipo aviador em náilon, jeans e veludo também não escapam ao conceito. Outra forma de brincar com a linha militar, criticada pela coleção, é o uso de gravata. Claro, uma gravata totalmente casual, que foge ao que seria a combinação normal, dando um toque malicioso e cínico ao *look*. As cores acompanham o clima, com beges, marrons, pretos, cobalto e, claro, verde militar.

Sensualidade e fetiche

A hipérbole dos traços de feminilidade foi desde sempre um dos pontos fortes do estilo e da indumentária das *punk girls*. Nos looks femininos da coleção, a mensagem pacifista proposta chega com um toque de sensualidade e fetiche, dois elementos básicos da exacerbação dos traços femininos praticados pelas punks. Observados nas já citadas *sainhas de tule, minissaias jeans plissadas* e *vestidos jeans justinhos*, a sensualidade e o fetiche, em versão mais amena do que cintas-ligas desconfortáveis ou meias-calça repletas de rombos perna afora, revelam, agora, uma garota que sabe ser agressivamente urbana e inocentemente provocante. Jaquetas e saias com passamanarias em fio índigo, algodão, veludos, sarjas, tricô e malha com poliamida também travestem-se de feminilidade debochada, ora parecendo as clássicas lingeries baratas das punks, ora sugerindo terem sido pescadas num bom brechó. Só o fato dessas peças estarem vestidas em corpos quase púberes já garante um escárnio próprio do malicioso e proibitivo universo fetichista.

Assim, fazem coexistir diversos estilos, como uma metáfora da necessidade de existência pacífica entre as culturas do planeta. Os aspectos da globalização, da intercultura e da tolerância, respeito às culturas e valores diferentes são postos em evidência. O engajamento político do punk, aqui, é reciclado. Adeus ao anarquismo!, já que posicionamento consciente está na *moda*. O que a coleção de Giácomo Lombardi para a Vide Bula trouxe para a crescente qualificação da moda nacional foi a abertura de uma discussão bastante defendida pelos teóricos da sociedade atual. E o fez de maneira a jogar na figura do adolescente essa possibilidade de redenção humana. Marca significativa da mudança dos tempos: outrora, o jovem, com suas culturas pop de contracultura e antimoda (tendo no punk o principal referencial em ambos dos aspectos), representava a dissolução e a quebra da moral da sociedade; agora, lança-se aos jovens a luz da esperança no mundo; um mundo onde os valores despedaçados pela ressaca do fim de milênio (e começo deste), pelos ataques do 11 de setembro em Nova Iorque o e *desencantamento* da verdade reinam. A beleza e a juventude dos adolescentes tomam mais força, porém não somente pelo seu fator estético ou de antítese da morte como para Baudrillard. Essa psiquê social se abre mais, fazendo com que a juventude justifique o que Jan Servaes defende: "Não há dúvida de que os diferentes grupos culturais do mundo têm mais em comum do que, à primeira vista, poderia se imaginar. Por isso, o princípio básico deveria ser a promoção do respeito a todas as culturas cujos valores sejam tolerantes aos demais".

Para Servaes, essa tolerância vai além, pois implica uma atitude positiva de interculturalidade que propiciaria a paz social e o compartilhamento de conhecimentos tão necessários para o desenvolvimento humano. Sobre isso, Dominique Wolton, ao situar a sociedade globalizada dentro da era tecnológica, crê que a superação da oposição política-tecnologia é o que trará a paz. A "sociedade de informação", como chama, tem o desafio de vencer não só o que Servaes levanta, a intercomunicação e a coexistência cultural, mas de resolver "as duas filosofias de comunicação", criando igualmente um ambiente onde todos os indivíduos possam coabitar, processo esperado das redes virtuais. Mais do que superar as diferenças culturais: é premente, antes disso, "fundar novamente a política democrática em escala planetária", considera Wolton.

A moda-punk na primavera-verão 2002 de Jean Paul Gaultier[36]

Mesmo atuando no ambiente da alta-costura, Jean Paul Gaultier continua subversivo. Seu estilo puramente artístico de enxergar a moda continua a lhe conceder a característica pela qual ficou conhecido: inventar sem barreiras e pré-concepções. O exemplo da democracia de estilos do prêt-à-porter de Yves Saint Laurent (de quem o estilista é grade fã) em Gaultier se extrema – e ganha realce pela originalidade e criatividade. O conceito de bricolage de Claude Lévi-Strauss parece nunca ter sido tão autêntico e vivo quando se trata de Gaultier – apreciativa ou depreciativamente, não importa, uma vez que a descrição do papel e da produção criativa do bricoleur

[36] Gaultier foi admitido, juntamente com Thierry Mugler (outro grande representante do prêt-à-porter parisiense), no universo do sob medida pela Câmara Sindical da alta-costura em 1997. "Desde então, além de suas linhas, eles apresentam em janeiro e julho, na época dos desfiles de alta-costura, coleções que correspondem aos imperativos desta, dando um novo alento à profissão", reforça Françoise Baudot.

encaixa-se no estilista em questão. Se o bricoleur é alguém que se posiciona exatamente no lugar onde se cria sem aprisionamentos, buscando incessantemente um norte para os acontecimentos e experiências do mundo moderno, esse alguém só pode estar encarnado em Gaultier.

Romantismo

Para a primavera-verão 2002, apresentada em Paris naquele mesmo ano, o estilista criou um novo romantismo, ao qual incorporou uma boa dose de excentricidade. Apelar para um referente tão oposto é a melhor maneira de criticá-lo, e essa contraposição de ideias sempre foi um dos trunfos do punk, tanto o americano quanto o inglês.

Romantismo, século XIX, primeira metade: volta a uma fantasmática Idade Média, idealizada como a época das emoções, da pureza de espírito, da naturalidade do íntimo, da autenticidade do sentimento. Fosse na literatura, na música, no teatro, na arquitetura, na indumentária e em tudo que pertencesse àquele mundo fantasioso, o imperativo era levar a fundo o interior humano, da melancolia ao amor exacerbado, da morte à embriaguez de felicidade, da perversão à celebração da natureza. Evocando os séculos XIV, XV e XVI, as mulheres, como as de Gaultier nesta coleção, sonhavam ser mitológicas personagens medievais, cortesãs, donzelas, damas da corte. Moças à la Marguerite da Borgonha ou Lucrecia Bórgia dentro de saias compridas com calças e corselete de mangas bufantes, os cabelos compridos e desbotados caídos sobre os rostos fatalmente gráceis e pálidos ou repartidos no meio da testa. Sobrancelhas raspadas, echarpes de renda, fitas, aventais bordados, chapéus enormes feito penachos equilibrados sobre os finos pescoços, que, por sua vez, se mantinham sobre o cadavérico e propositalmente pouco nutrido corpo. Nada de cores. Viva Hugo, Byron, Dumas, Shakespeare!

John Lydon, o Johnny Rotten do Sex Pistols, certa vez revelou que uma das maiores inspirações para seu estilo performático, com sua voz esganiçada e cortante e, principalmente, seus gestos e trejeitos agressivos e desconjuntados, foi assistir ao ator britânico Laurence Olivier interpretar Hamlet na adaptação shakespeariana que o próprio Laurence filmara em 1948. O exagero de sua interpretação, com gestos e movimentos forçadamente teatralizados, acompanhando a carga dramática do texto, deixavam Olivier, para Lydon, entre o ridículo e o sublime – algo que cativou o líder da mais importante banda da cena punk e que lhe fez invocar muitos significados com relação àquilo que se criava na Inglaterra da segunda metade dos anos 70. Tanto cativou que o Hamlet de Olivier passou, junto com outras referências estapafúrdias – que iam desde Frankenstein e Jack, o Estripador, a Richard Hell e Iggy Pop – a integrar a imagem e a performance que o jovem Rotten incorporava nas ruas e nos palcos.

Pois a revisita à tradição romântica britânica promovida pelos punks – na maioria das vezes, revelada com escárnio – recobriu-se de sentido ao se transformar no barroquismo artesanal da moda-punk e, em especial, nessa coleção de Gaultier. Ao invés de bordados e babados, desfiados e puídos; ao contrário de cortes assimétricos, rasgos mal-acabados; no lugar de chapéus gigantescos, cabelos eriçados e altos sobre a cabeça; onde se viam longos colares e pratarias no colo de moças e rapazes, agora, apareciam correntes, coleiras e alfinetes. Esse neorromântico à Westwood foi uma confirmação do amadurecimento do espírito criativo do punk. Afinal, tanto românticos quanto punks faziam-se existir para, sendo o que eram, combater algo que repudiavam. Os românticos: a burguesia e a desgastada cultura clássica; os punks: tudo que os cercava, principalmente as elites e a hipócrita sociedade, mas também o semelhante e eles próprios. Apenas é fato que ambos comunicavam essa batalha simbólica através de signos conceitualmente distintos. Nesse sentido, o romantismo não se distancia tanto do punk. Ambos são mais visões de mundo muito particulares, espécies de cultura que transmitiam o que seus jovens sentiam com relação aos que os rodeava do que simplesmente modas, no sentido fútil e superficial da palavra. Como explica Bollon, romantismo e punk possuem amplitude e peso de quase-culturas repletas de sinais tramados e signos entrecruzados particularmente coerentes.

Época vitoriana

Chapéus largos cobertos com tule e gaze e superposições extravagantes davam a impressão, no palco, de que as modelos de Gaultier surgiam de um fantasmático cruzamento entre a época vitoriana e os anos punks. Em meio a um suntuoso baile vienense de sonhos, mulheres vestidas de homens se misturaram a cortesãs depravadas numa nobre fantasia erótica – um fetiche vintage. A atmosfera, ao mesmo tempo altiva e pervertida, faz repassar nesta coleção desde a literatura lasciva de Marquês de Sade até a iconografia proibida do pornô em extravagantes saltos agulha, espartilhos aparentes, transparências, lingeries mais sexys e capas de veludo escuro. Por exemplo, uma capa preta confeccionada em veludo da coleção revelava, quando aberta, calças de smoking usadas com suspensórios pretos e nada mais, recordando o personagem sadomasoquista representado por Charlotte Rampling em *O porteiro da noite*.

O impacto e a provocação de contrapor elementos díspares de indumentária, regidos por Vivienne Westwood com tamanho sucesso desde o início dos anos 80, teve reflexos nesse cabedal gaultiersiano, que lembrava a incontida podridão de caráter britânico de *As ligações perigosas*, de Choderlos de Laclos, escondida por debaixo de vultosos panos. A ironia provocativa estava já na abertura do desfile, quando as modelos emergem ao som de uma clássica valsa de Johann Strauss, enquanto uma apresentadora com voz aveludada sussurrava comentários repletos de duplo sentido; significação dúbia mais do que proposital, afinal, o estilo rainha Vitória nada mais é do que uma apropriação elitista (mais do que isso, real!) dos traços mais significativos recriados pelo romantismo ao reler a Idade Média. Gaultier, assim, claramente endossava a quebra da figura mitológica proferida pelo punk ao colocar esse luxo aparente e vivaz em pé de igualdade com elementos de uma moda – nesse caso, principalmente, a veia fetichista.

Na rígida nação inglesa dos punks, é impossível dissociar o caráter imponente e até prepotente que faz parte da cultura e do povo britânico, algo que fora ratificado muito por causa da época vitoriana. Foi essa inevitabilidade que Johnny Rotten intuiu ao captar que o espírito inglês se estende do dramático ao ridículo, e que somente a chacota, pincelada de tintas de ódio e de negação, resolveria essa condição. Mesmo nos tempos modernos, a figura vitoriana e de toda a tradição real britânica fazia parte da estética dos punks assim como ainda influencia a moda na Inglaterra em alguns aspectos.

Saias de múltiplas superposições

As superposições exerceram um papel específico e de densidade dentro dessa coleção de primavera-verão. Para a noite, top plissado mistura-se alegremente com saia multiplamente superposta, contrastando um elemento com outro. Em outro look, a delicada seda estampada dava origem a saias, em sua maioria curtíssimas, relegadas ao papel de acessório e usadas por cima de calças – sobrepondo volumes novamente. Uma série de amorfias ou disformias iam se revelando, ironicamente, de leve em uma blusa de tule cor de pele que deixava exibir os seios *trompe l'oeil* bordados na frente ou nos cardigãs canelados que se estendiam até virar ligas.

A aparente confusão de formas gerada pelo efeito da superposição era mais do que proposital e fazia remeter ao antifashion personagem kafkiano de *A preocupação do pai de família*. Ele era uma criatura sem procedência nem sentido algum, constituído de pedaços de fios rebentados e velhos, atados uns aos outros ou emaranhados, que formavam seu *corpo*, o qual se assemelhava a um pequeno carretel; mas só se assemelhava, pois, tanto quanto si próprio, era também sem definição. Assim ocorrera com os punks, que, para comunicar sua ideologia, cobriam-se de roupas e objetos de forma e ordem atípicas, porém nada aleatórias, chegando a ponto de se deformarem e não parecerem mais gente – que, de fato, já não sentiam mais ser.

Por se tratar de alta-costura, Gaultier não deixa de revelar Worth nas mudanças incessantes de formas, de tecidos e de acessórios com as quais se deu início ao efeito de choque com os padrões estéticos e ideológicos no fim do século XIX. Não sem sua habitual ironia, o estilista recapitulou o opulento e elitista new look de Christian Dior. Nada melhor que amarrar bem forte as tiras dos espartilhos e realçá-los de maneira instigante e sensualmente fetichista – a classe do sob medida a serviço da perversidade da moda-punk. Entretanto, esse fetiche refletia-se muito mais sutil do que aparenta. Sobreposições ou mesmo peças empregadas para sobrepor outras, de forma a esconder partes do corpo, como gravatas que encobriam botões do peito, convidativos leques que não revelavam a expressão do rosto, relógios presos a correntes dentro de bolsos próximos à região abaixo da cintura ou até outros menos sutis (como grossas bengalas de madeira escura ou calçados pontudos lembrando esporões) significam, psicanaliticamente, castração social ou psicológica desde que a moda não havia se industrializado. Não é nem preciso dizer que detalhes das peças de Gaultier, como tecidos dispostos de modo a formar espécies de orquídeas, representavam o formato de uma vagina – isso sem falar na inequívoca associação ao órgão sexual masculino, uma vez que a palavra grega *orchis*, do qual deriva o nome da flor, significa *testículo*. Tudo acaba por simbolizar os reflexos do vazio de sentidos da pós-modernidade.

Estilo informal

Quando Warhol abria as portas da sua casa para os malucos da noite nova-iorquina, cada um com seu estilo, sua indumentária e sua moda pessoal, ou quando transformava, ironicamente, em arte uma lata de conserva, estava dando espaço para a já tão comentada liberdade e democratização advinda com os jovens alternativos dos anos 60. Disso, Gaultier aproveitou-se com alguma doçura, levando essas misturas um pouco mais adiante. Na coleção em questão, camisas e jaquetas estilizam-se informalmente juntas, combinadas com tênis usados com polainas; extravagância chique por um lado, certa decadência de outro. Aquela cristalização estetizante de *arcanjos do mal* de David Bowie e dos primeiros punks londrinos da Bromley Contingent refez-se nessa coleção pós-moderna. Mais do que isso, esta primavera-verão recuperou uma pré-história do movimento punk que, antes de conquistar as ruas na primavera londrina de 1977, já possuía todo um feixe de significados em potencial. O look com a modelo em um terno masculino de alpaca preta (tradição do traje masculino versus estilo Chanel), uma camisa branca (antimoda beatnik versus camisas industrialmente fabricadas) e gravata (significado pudico do acessório versus escracho do punk) sintetizava esses lances informais, recapitulando, ainda, a androgenia de Yamamoto e Kawakubo e a ironia de Westwood. Mitos são reinventados na absoluta morte das mitologias, de Cristo à família, do Estado ao próprio homem.

De novo, e talvez mais do que em outros casos, a moda-punk para Gaultier fica bastante mixada às outras modas da coleção em análise, tanto que chega a ser geralmente pouco perceptível; isso considerando-se quem já vestiu modelos com roupas de couro em estilo claramente fetichista e impregnou de piercings modelos na passarela. Nessa primavera-verão, a suntuosidade encobre os tons punks, mas não os aniquila. O fato de ter-se tornado um mestre da arte da alta-costura – ou seja, da criação de modelos únicos e feitos sob medida – não diminui o impacto do feito desse criador. Talvez só venha a aumentá-lo, uma vez que é um ato de contravenção aos padrões da mesma elite que usufrui os seus produtos transformá-la ou adorná-la com traços da antimoda. Isso quer dizer que, no momento em que junta um cabelo moicano e uma bota quase-coturno a um traje medieval de cortes e tecidos impecáveis, está inevitavelmente colocando em cheque a legitimidade dessas diferenças de classes e do próprio domínio político da elite.

Não à toa se aproximam, nesta coleção, o desenvolvimento do trabalho do estilista e o papel do punk na sociedade de consumo de uma maneira geral. Ambos são extremos dentro da indústria cultural: um com seu imoralismo nietzschiano (punk), e o outro com seu amoralismo pós-moderno (Gaultier, moda). O estilista consegue, mais do que qualquer outro, fazer o mundo do efêmero se situar entre esses dois polos: o da inventividade amoral e o da promoção de um pensamento imoral. De uma maneira geral, a amoralidade sustenta seu trabalho assim como toda a indústria da moda, tal como se constatou. Mas, adentrando na produção individual de Gaultier, observa-se que o estilista rompe psicologicamente esse vácuo de caráter da moda, uma vez que se aproxima do punk pelas vias do choque, do impacto e da provocação e passa a arquitetar um paradigma crítico, mesmo que não seja esse seu fim ideológico. A recuperação do romântico e sua carga poética é prova disso. Como nos punks de 77: uma *estratégia cínica* e não necessariamente um *horizonte cínico.*

Gaultier parte do pressuposto de existência de uma moralidade ou de uma instituição consensual dessa pela sociedade – moralidade fajuta, mentirosa e *metafísica*. Porém, como se nota ao aproximar o fundo imoralista de Nietzsche ao pensamento do movimento punk, o *imoral* não pode surgir sem a (falta de) referência da *moral* – mesmo que pela descrença na verdade dos degenerados. O punk, como produto de uma época histórica – da qual Gaultier é contemporâneo e filho tanto quanto –, só se arquitetou pelo desgaste dos preceitos éticos evidenciados de quando em quando na história (no caso, anos 70 na Europa, a crise econômica do capitalismo). Esse desgaste renovou-se posteriormente na moda tal como

Toby Fischer-Mirkin descreveu: o uso dos significados políticos de oposição da ideologia punk como efeito dramático na produção de um visual. Ou seja, para sair do convencional ou emitir algum tipo de ideia especial ou particularidade, um acessório ou detalhe punk já são suficientes.

Gaultier parece recuperar o Nietzsche de *A gaia ciência*, pois a moda e os movimentos de estilo funcionam como parte de um processo onde as aparências são muito mais sutis, muito mais sensíveis e gregas do que se possa imaginar. Nietzsche divide as superficialidades em duas classes: uma, ausente, sem emoção, quase opaca diante da razão e das coisas; outra, essa sim da Grécia Antiga, é profunda, indireta, construída, artificial e conscientemente ilusória. Essa segunda *ordem* de superficialidade seria à qual os gregos apegavam-se e que, por sua profundidade, se interpõe nos limites do mundo, na base de todas as coisas. É o que a dimensiona e a agiganta. Essa superficialidade demarca, *poeticamente*, o nascer de um novo olhar, a aceitação e a compreensão dos paradoxos e dos antagonismos do universo, de sua verdadeira essência. Gaultier, como um bricoleur, *soluciona* esse pensamento quando transforma em roupa essa dialética.

Nem amoral, nem imoral; com a leveza de quem não está nem aí para nenhuma subordinação teórico-crítica, Gaultier segue fazendo sua arte e pedindo passagem para se configurar como artista de sua época. Época qual? Pós-moderna por consenso, moderna em sua constituição. Grande crítico de arte, o escritor e intelectual argentino Mempo Giardinelli declara como os criadores de então se relacionam com a arte nessa entrevista prestada em 1991 ao jornalista, sociólogo e escritor brasileiro Juremir Machado da Silva: "Para mim, a pós-modernidade não é outra coisa que a modernidade, pois um artista precisa estar sempre preocupado com o novo, em ser moderno". E fecha dizendo: "A pós-modernidade é a estética inevitável deste fim de milênio". Quão inevitável para o fim de milênio talvez seja a consideração de arte que se possa dar à moda. Abertamente (aos *espíritos livres*), como Nietzsche proclama, nada incorreto se a arte for vista enquanto tarefa própria da vida, enquanto grande possibilitadora da vida e como sua única força superior.

Eu NÃO te enganei: eu te detonei

Chegado até aqui, enfim se apresenta a necessidade de conceder verossimilhança e coesão às percepções que foram sendo recolhidas pelo caminho, desde a parte introdutória até a análise crítica que se antecedeu. Talvez o mais importante seja não apresentar uma síntese do que foi dito tal como se espera de uma conclusão, mas sim explanar (agora, mais substancial e concisamente) sobre um dos motivos impulsionadores desta pesquisa: o de levantar interrogações sobre a possível antítese entre punk e moda – comparação da qual a literatura certamente se ressente ainda de maior substância, tanto no campo da análise da música jovem quanto da moda, do comportamento de massas e da sociologia moderna. E desmistificar esse aparente paradoxo afinal, indicando porquês tanto para essa lacuna quanto para a própria questão em si, nem que seja apenas como modo de ampliar os campos de visão acerca de suas feições mais visíveis.

Muitas afirmações compuseram este texto e, em um bom bocado dos casos, afirmações contundentes. Moral, lógica, engajamento e razão, motivos maiores desta proposição, agora decaem no que circundou, no que embebeu, o fio condutor de todo o desenrolar do trabalho: o conceito de arte. Já de pronto rechaça-se toda e qualquer possibilidade de se valer da arte como uma lógica que se esconde por detrás das definições das coisas – fácil julgamento cético e/ou meramente politizante. Não; não é por aí mesmo. Se a pós-modernidade, tão pouco palpável a todos (inclusive a seus estudiosos mais dedicados), traz em seus genes a indefinição classificatória, o escapismo, não é esse o melhor exemplo – mesmo que, no âmago da questão, esteja a própria produção de vestuário ou a alvorada de fenômenos *sub* como o punk em um tempo de ações pós-modernas. Aqui, deve-se impor a arte acima das lógicas estabelecidas, da verdade, e não assustada, espiando por suas costas. E para diante da política, ou fora da – nem esquerda nem direita; talvez esquerda da esquerda, ou uma sábia direita das direitas – até porque a moda, como se conhece, utiliza-se, sem demagogia, do capitalismo, do liberalismo, da mídia e da globalização. A questão é que, em certa medida, esse engajamento não importa tanto, pois, sabendo-se ou não, a moda afasta a lógica comum, as razões vigentes, e é isso que interessa em última instância. Afinal, é nesse campo que se situa, se concebe e se movimenta toda a produção de moda pós-prêt-à-porter.

Mas o que é pós-moderno? Carece saber. Seria mais uma convenção mentirosa e metafísica de uma pretensa verdade como propôs Nietzsche? É temeroso afirmar que sim. Em Mempo Giardinelli, pode-se vislumbrar um pensamento claro e sensato desse pós-, que o vê como nada mais nem além do que a própria modernidade, só que agora em novos tons, novas texturas, adaptada a seu tempo de fim de milênio e começo de século XXI. Não que inexistam as formas e os valores do que se acordou chamar de pós-moderno, mas suas explicações básicas são provenientes sempre da modernidade – são praticamente uma extensão dela. É, sim, mais um dos desdobramentos que a era moderna vem apresentando ao longo do seu império: imprensa, indústria, psicanálise, cinema, socialismo, informática. Todas as revoluções da modernidade souberam, a seu peso, mudar os caminhos da humanidade. Como fragmento desse processo, as revoluções juvenis do século XX preenchem esse conjunto de alterações psicossociológicas.

Pois então, e a arte? O artista: onde se situa? Criador e criatura em todas as épocas da história, o artista – graças! – continua exercendo papel relevante dentro da sociedade, seja para desmistificar, intercomunicar, quebrar barreiras, informar, mobilizar ou simplesmente reflexionar – provocar, trazer à tona emoções e sentimentos genuínos. No caso em questão, não se pode contrariar: punk e moda-vestuário se acomodam nesse berço do artístico. Um e outro atuam a suas maneiras no comportamento da sociedade industrial moderna e ambos colaboram para ela e dela fazem parte. A arte moderna, se entendida como o poeta, ensaísta e crítico de arte brasileiro Ferreira Gullar coloca, em seu *Argumentação contra a morte da arte,* está perdendo seus critérios fundamentais por causa da dinâmica mercadológica da sociedade capitalista, assim como pela consequente mercantilização da arte. Ele critica o que chama de *arte para a mídia,* onde se produz sem referências fundamentadas no *eu* do artista; quer dizer, sem se fixar na reelaboração material de seu imaginário. "Traduzir uma parte na outra parte / Que é uma questão de vida e morte / Será arte? / Será arte?", diz Gullar, parecido com o que observa Jean Baudrillard, que uma parte da vanguarda pretensamente artística – a que se conduz apenas conforme a moda – produz somente para vender.

As observações de Ferreira Gullar são dignas de nota. No entanto, no momento em que delimita que o fazer artístico deve partir do vulgar para o poético, Gullar não enxerga que também se pode aplicar o contrário: partir do poético para o vulgar, como Warhol, o punk e o prêt-à-porter propuseram e realizaram. O próprio Gullar, em um texto de 1968, pondera que qualquer tipo de artista jamais pode deixar-se levar pelo mecanicismo da técnica, pois isso pode minar a alma de sua arte, tornando-a artificial e sem calor da vida. Livre para experimentações e situando-se num espaço à parte da sociedade administrada, o artista contemporâneo serve-se de tudo à sua volta, até mesmo os dados mais banais da vida real. Eis o bricoleur de Lévi-Strauss.

O estilista brasileiro Carlos Miele, em entrevista para um programa de televisão, demonstrou uma visão equilibrada quanto à inclusão de sua área de trabalho dentro dos limites da arte. Para ele, a moda, às vezes, atinge um patamar que excede o simples ato da costura e confecção para atingir um ponto mais elevado de produção intelectual humana, chegando, assim, a um status que lhe dignifique como arte – semente, aliás, já plantada desde a moda dos cem anos por Worth. Com essa maneira de observar exposta por Miele, fica, inclusive, mais clara a intenção e a existência de museus destinados à moda como os de Nova Iorque (Fashion Institute of Technology Museum) e Marselha (Musée de la Mode).

Eleva-se aqui, pois, o imoralismo de Nietzsche: "A arte tem mais valor do que a verdade". Quem há de negar o chamado espírito livre em um Gaultier ou em uma Westwood, ou até nos analisados menos de perto Mugler, Versace, Sui, Walter Rodrigues, Chanel, Dior, Yves Saint Laurent, Poiret – esses também artistas tanto quanto se possa dimensionar – ou mesmo quem acusaria (pobre alma vã!) de não serem, moda e punk, *tão* arte quando as convenções clássicas e cultas? Onde ficaria, se confirmada tal negação, a engenhosidade e o atrevimento de se rimar *asshole* com *Pablo Picasso*[37], como ousou Jonathan Richman, dos Modern Lovers? Pura invencionice? Dificilmente. E os berros sufocantes dos punks brasileiros quando cunham os versos: "A Terceira Guerra Mundial está aí/ E dela ninguém vai poder fugir"? Bruta poética! Qual tirano de espírito se atreveria a negar valor? Todos, a seu modo, viram o caráter terrível e problemático da existência, todos *viveram* arte uma vez que estimulados por ela; todos a incor-

37 A rima, dentro da sua classificação estilística, pode ser considerada como *rima rica*, tipo de combinação formada por vocábulos de classes gramaticais distintas entre si. Além dessa, a rima de Richman também se enquadra no que se pode chamar de *rima*

preciosa, tipo de combinação em versos entre uma palavra de língua estrangeira e outra da língua corrente. Nos versos em questão, o sobrenome do artista plástico espanhol (o substantivo próprio de origem malaguenha Picasso), é dito na música com uma leve distorção no seu último fonema, o que faz com que se equipare fonética e sintaticamente a *asshole*, um adjetivo originário da linguagem chula. A passagem é bastante apreciável neste sentido por causa da raridade de uma composição poética deste tipo.

poraram a ponto de sua dor ser um nobre fruto da delícia de ser o que é.

Nada mais do que arte (jogue-se fora, inclusive, sem precisá-lo mais, o conceito de belas artes outrora aplicado à moda). Um dos êxitos da onda punk foi ratificar uma propriedade antropológica do homem: a existência de um impulso estético natural dentro do espírito humano que lhe é necessário para a vida, sendo a indumentária uma das mais potentes formas de comunicar e expressar esse impulso. Como bem salienta o filósofo e crítico de arte italiano Gillo Dorfles, "o homem, até o mais simples, realiza com seu vestuário uma precisa opção artística que pode ser apenas sugerida, que pode atingir o cúmulo do paroxismo, que pode tornar-se fetichista (...) mas que, contudo, reflete uma vontade precisa" de um "verdadeiro empenho estético". Em uma linda passagem de um artigo escrito para o Jornal do Brasil em 1982 – época do aflorar da cena punk no Brasil –, o poeta e cronista brasileiro Carlos Drummond de Andrade (aliás, ninguém melhor do que um poeta para dizer essas palavras) ressalta que: "Se tudo está errado por aí, e nós estamos convencidos disso, uma postura punk para nos salvar do abismo tem razão de ser. A receita é ingênua, mas faz sentido. Os garotos dizem as coisas com franqueza selvagem. A arte deles explica-se pelas circunstâncias".

As reflexões acerca do imoralismo da arte obrigam a se remeter a alguém que é, certamente, um dos maiores artistas vivos da modernidade (e da pós): Caetano Veloso. A aproximação do cantor, compositor e intelectual tropicalista brasileiro com os irracionalistas de seu país – José

Agrippino de Paula, José Celso Martinez Corrêa e, principalmente, Jorge Mautner – é sabida; tão sabida quanto constitutiva da personalidade e dos pensamentos acerca das coisas quando associadas à sua linha tropicalista de conceber a cultura. Mautner, a quem Caetano, no início dos anos 70, conheceu na cosmopolita Londres (novamente, Londres!), apregoava, desde aqueles idos, uma aproximação contundente, mas inevitável (e, exatamente por isso, debilmente harmoniosa) entre os legados de Marx e Nietzsche. Esse raciocínio de Mautner (expresso não sem o seu característico humor difícil e deboche mais preocupante que a seriedade) prescrevia e pressentia um pensar pós-moderno tendo como quadro o caos organizado pela sociedade capitalista industrial; um aleijão provocado pela queda tanto do nietzschismo revisado, desembocando no nazismo, quanto do marxismo genuíno, resultando no stalinismo, e os ventos que o processo crença-desilusão com tais conceitos provocaram no pensamento e no comportamento da segunda metade do século XX. Pelo ramal do irracionalismo, talvez fique mais fácil compreender o deslumbramento mesclado à fuga dos assuntos sérios da moda dos anos 50; ou mesmo o desejo das gerações da contracultura de se opor ao estabelecido; ou a liberação sexual como remédio para um tempo de angústia do pós-guerra e de Guerra Fria e tantos outros fenômenos comportamentais e psicossociais observados no século passado. Evidentemente, punk e moda, como já foi dito, surgem desses conflitos ideológicos e resvalos da psiquê coletiva provocadas ora pelo engano com a utopia marxista, ora pelo trauma provindos com a derrocada da segregação radical názi, ora pela química explosiva dos dois juntos.

Não somente isso Caetano Veloso credita à visão de Jorge Mautner como também a previsão de um quadro onde se misturariam apelos sexuais e direitos civis num ambiente dominado pela opressão do Primeiro Mundo ao Terceiro e pela despolarização política reinante, ficando para o artista o papel de explorar esses contrassensos. Mautner já de muito propunha o que se supôs logo no iniciar desta conclusão, quando se justificava a arte enquanto juízo soberano à lógica. Caetano Veloso ressalta que, no modo de pensar do colega músico e escritor, "a onipresente ideia de que os artistas devem dar todo o poder à sua imaginação" é completada com a de que os próprios nunca devem ter poder político de fato. É essa graça maior que Nietzsche atribui à arte como sendo "altiva, flutuante, dançante, zombeteira, pueril e bem-aventurada. Temos de descansar temporariamente de nós mesmos, olhando-nos de longe e de cima, de uma distância artística, rindo *sobre* nós ou chorando *sobre* nós", tal como o punk sugere.

Jean-Jacques Rousseau certamente se assombraria se presenciasse a indústria da moda e, mais ainda, a cena punk. Atido à sua conhecida opinião de que as sociedades devem se autorregular por meio de um contrato social de princípios democráticos, exime a arte e a ciência de qualquer contribuição para o crescimento da sociedade. Para o filósofo francês, a arte só faz trazer o luxo desregulador de um possível sistema social justo e quebrar a tradição moral sem, com isso, propor uma nova doutrina[38]. A arte, para esse pensador, é nascida e alimentada pela ociosidade e, dessa forma, literalmente desperdiça um tempo com o qual se possa contribuir mais para a lógica contratual. E vai além: moralista, critica o caráter revolucionário que a arte e a ciência injetam, chamando-o de "depravado". Ele diz: "A dissolução dos costumes, continuação necessária do luxo, conduz, por sua vez, à corrupção do gosto".

Ora, não se proporia tamanha discussão em não havendo uma possível beleza estética, inexistindo rigor no gosto ou qualidade artística. Não somente isso: não se proporia se, também, não existisse certa funcionalidade na arte. Pelas vias do trilho revolucionário, até de certo vanguardismo, moda e punk inscrevem o novo (nem sempre *bom*, afinal, desvios e erros são inevitáveis) regido pela noção do bom gosto, que pode incluir, por que não, o mau gosto ("No criar está incluído o destruir", disse Nietzsche). A origem do que se entende por arte sempre foi debatida largamente quanto ao bom e ao ruim. Contudo, parece haver uma espécie de gosto *poético*, algo de ordem consideravelmente subjetiva, mas que está presente tanto no clássico quanto na vanguarda – uma linha, um fio interligante que mantém viva uma concordante e até consensual ideia de arte. Não se nega, por exemplo, um mesmo approach revolucionário no embrião do modernismo dos formalistas russos do início do século XX e dos brasileiros da Semana de Arte Moderna de 1922 com o da revolução punk dos anos 70. Além, é claro, da frequente comparação com o dadaísmo – mo-

38 Jean Baudrillard compactua com tal maneira de pensar de Rousseau no momento em que afirma que a revolução traz antes a indeterminação, a angústia e a confusão do que as soluções para o que combate. "Tudo fica flutuante e aleatório", coloca, quando trazida à tona a revolução, e com ela a necessidade metafísica de se autorresponder questões como *o que se é?* ou *o que fazer com o poder?*

vimento da vanguarda europeia tão anarquista e antiarte quanto o punk – e com a característica binomial funcionalidade-beleza presente no design arquitetônico e industrial de Bauhaus. Um mesmo senso revolucionário esteve no impressionismo do século XIX – mesmo que hoje seja vangloriado como uma arte instaurada e clássica. O importante disso é que o punk pôs em evidência para a mídia o mau gosto e, com isso, abriu para a moda um leque de possibilidades, um novo paradigma no qual o feio é tão bonito quanto o mais belo dos belos; um esquema em que cabelos espetados e despenteados, lingeries à mostra, botas tipo coturno, modelos emborrachados, corpos longe do escultural, agulhas de injeção ou esfarrapos podem constituir, com a devida *adequação* (para usar a palavra escolhida por Toby Fischer-Mirkin), alguém até da alta-sociedade, algo inimaginável antes da onda punk. Na continuidade do sonho de Yves Saint Laurent e sua quebra do conceito de distinção, coube então à moda imprimir gosto poético ao que o punk ditou.

Não se excetua, de forma alguma, o valor das tradições artísticas clássicas. Jamais seria admirável a riqueza que beira ao sinfônico das músicas do Velvet Underground ou de Patti Smith ou do Television[39] – nem mesmo o classicismo do neorromântico de Vivienne Westwood, que busca frequentemente referências na cultura erudita. O que David Bowie e Brian Eno trouxeram à indústria pop, em certa medida, se vale muito desses valores: compor uma vanguarda com nuanças populares requer um exercício de *pesquisa* pela tradição clássica. Desdobramento

[39] Guitarrista de técnica apurada, Tom Verlaine, principal compositor e cabeça do grupo punk nova-iorquino Television, é reconhecido por seu estilo ao tocar e por sua inventividade ao compor, sem, contudo, se deixar seduzir por

saudável disso, o caráter vanguardista das formas clássicas também se situa nesse círculo, como defende Haroldo de Campos, filólogo, ensaísta e poeta brasileiro, ao enxergar esse espírito inovador nos textos bíblicos, por exemplo. Haroldo – junto com Décio Pignatari e, principalmente, Augusto de Campos e Caetano Veloso – dialoga e extrai do concretismo a concepção de modernidade presente nas bases da criação da linguagem. "O antigo que foi novo é tão novo quanto o mais novo novo." Em verdade, por mais que se acuse a pós-modernidade de fogosa pelo novo, é mais comum que se vejam nos dias atuais releituras e reelaborações de clássicos da modernidade (em música, livros, filmes e outros) e até de antes. Além do mais, marcos da era moderna, como o cubismo de Picasso (década de 20), o primeiro cinema de Orson Welles (anos 40), a bossa nova brasileira (década de 50 e 60) ou a própria poesia concretista (anos 60), *continuam* sendo bases para o que há de mais moderno tempos depois de terem surgido.

Nem a justificativa escapista pós-moderna, nem o erro rousseauniano de negar à arte seu caráter revolucionário; a arte entra aqui, como já colocado: no além das fronteiras da vida, lugar no qual ela, arte, se posiciona para entender, relatar, discutir e registrar o mundo que vê; não sem, para isso, experimentar a solidão de modo prático. Essa solidão pode ser encontrada, enquanto resultado, na incompreensão de uma nova composição idílica que a moda queira da arte, buscando referências das mais diversas na história (inclusive da arte) e adaptando-as ao universo midiático. Mesmo a poética chula do

um fácil virtuosismo nem, principalmente, se distanciar em demasia do som primal do punk rock. Ele, com a "opção de uma linha musical mais elaborada, com melodias e belas harmonias convivendo com ruídos", imprime estilo próprio ao leque de "subversões sonoras" da musicalidade punk, decorrência de sua capacidade técnica. Não muito diferente de Verlaine com relação à destreza e afinamento técnico ao tocar guitarra (embora não possuísse o mesmo posto de liderança diante da banda nem tamanha força autoral) estava Richard Lloyd, segundo guitarrista do Television. Juntos compuseram uma das mais brilhantes duplas de guitarras do rock moderno. "As guitarras alcançavam sonoridades que pareciam com guinchos, grunhidos e gritos", constatou o jornalista brasileiro Celso Pucci. Mas o que mais chama a atenção nas músicas da banda é o seu tempero erudito dentro de um formato totalmente roqueiro. Quase sinfônica, desde suas notas-base – intercalando dois riffs de guitarra curtos e divisões melódicas criativas com o acompanhamento do baixo e da bateria – até a distribuição espacial dos *movimentos* – semelhante ao de uma peça de sinfonia –, a música *Marquee moon*, de 1977, é exemplo máximo da criatividade de Verlaine neste sentido. Para Pucci, a música "é rock'n'roll puro, mas com uma fluidez impressionante", tanto que a canção foi regravada anos depois pelo quarteto de cordas norte-americano Kronos Quartet em uma versão na qual coube apenas adaptar os diferentes instrumentos de um conjunto para o outro (no Television, de rock: baixo, guitarras e bateria; no KQ, de câmara: violinos, viola e violoncelo) no arranjo final. O resultado da segunda versão é praticamente idêntico ao da primeira, a diferenciarem-se apenas os estilos musicais.

punk, em contraposição ao que vinha se estabelecendo como arte soberana, e o abismo que o movimento encontrou e no qual se enclausurou (ou foi enclausurado) podem também exemplificar essa solidão. O punk, assim como a moda, demarca pontos de referência no passado para recriá-lo em formas artísticas. Não é errado inserir o barroco no dicionário punk ou, páginas à frente, até o romantismo – sem ser propriamente nenhum dos dois.

Alma do artista: liberdade. Talvez essa seja a única compreensão aceitável numa fase de tamanha descrença como a que se vive nos dias atuais. O ato de criar parece, agora, responder aos anseios de uma ideia de paz e beleza social como aludiram Servaes e Wolton. O exemplo da Vide Bula é comprobatório desse novo pensar humanístico. Pelas mãos (literalmente) do artista, o estilista, a coleção outono-inverno 2003 não se alinha indistinta e irresponsavelmente numa ideologia política. Está além disso, e a amoralidade da moda concede esse aval. O que a Vide Bula perpassa é um pensamento muito mais universal de querer-viver, de amor pela vida, de espírito artístico através da coexistência pacífica dos diferentes na contrariedade à guerra entre Estados Unidos e Iraque. A primavera-verão 2002 de Jean Paul Gaultier corrobora essa intenção – mesmo que num tom mais metafórico. Como já mencionado, para Gaultier, o efeito artístico de uma criação é o preponderante, e não o fator simbólico que o objeto tenha. É a mesma intencionalidade artística que Andy Warhol aplicava ao mostrar a imagem de Marilyn Monroe em seu famoso quadro: a beleza da atriz americana e a utilização de cores vivas foram os únicos motivos para que a reprodução fosse realizada. No entanto, esse aparente desapego guarda no seu princípio um discurso que critica e desmistifica o star system do mundo globalizado. Afinal, como o próprio Warhol enxergava, Marilyn, fora a sua beleza, não passava de uma pessoa como qualquer outra.

Fenômeno indicativo dessa mudança político-ideológica aconteceu em 2001, quando dos ataques terroristas em Nova Iorque. O pavor da humanidade diante dos atentados desencadeou, nas passarelas e, consequentemente, nas ruas, uma moda em que reinavam referências étnicas, como tecidos rústicos, cores terrosas, detalhes sugados de culturas do oriente, artigos e detalhes prototribais, etc. – elementos que já vinham sendo valorizados, mas que literalmente tomaram conta do universo-moda naquele momento. Não é difícil se lembrar do rosto de Che Guevara estampado à pop art nas peças de moda-praia na São Paulo Fashion Week de primavera-verão 2002. Alardeou-se que aquilo seria um desrespeito à figura do revolucionário latino-americano, usando da velha retórica marxista de notar alienação naquele ato exibicionista por natureza. Até seria desrespeito se a moda não tivesse incrustado em si própria desejo de revolução. Desse modo, por que não se valer exatamente de um ícone revolucionário para demonstrar a quebra dos vínculos tradicionais (a esquerda tida já como algo tradicional na sociedade), para angariar e alentar uma nova era de comunhão entre os seres? – uma atitude positiva diante da intercultura que faça com que todos desfrutem, com respeito, do que o mundo oferece, lembrando Servaes; não da peça de moda especificamente, mas de conhecimento, de inclusão social, de participação intelectual, de contribuição a um todo que não exclua culturas nem etnias, quanto menos classes.

Alma do artista: nem a soltura conceitual de Gilles Lipovetsky, nem o radicalismo repelente de Baudrillard. Para esse último, a lógica da moda é a ilógica. Possa ser; afinal, "do ilógico nasce muito de bom". De novo, apresenta-se o bom e o ruim, o *lixo* e o *luxo*. Essa difícil equação, da qual não se tem uma resposta definitiva, parece, ao menos, mais clara em Edgar Morin. Não à toa, esse trabalho foi pontuado de quando em quando com referências ao seu raciocínio. O que o teórico francês sabe ver é que, mesmo que a produção massiva da cultura contribua para o enfraquecimento do poder criativo, não quer dizer que isso seja uma regra. Mais: o próprio funcionamento burocrático da máquina industrial de bem cultural inventa um sistema que, adaptando os anseios do criador e do mercado de forma vantajosa aos dois lados, propicia muitas vezes um produto de *bom gosto*, de gosto poético. Ou, se não, seria errado empregar o termo pop às culturas da moda e do punk. Entende-se que algo popular guarde determinados aspectos positivos e qualitativos para que possa atingir o sentimento de várias pessoas e provocar catarse. De modo contrário, inexistiriam hits provindos das bandas punks (como de fato ocorreu, e o Sex Pistols é prova disso) nem o prestígio artístico da roupa usual de Saint Laurent.

A relativização do juízo culto é de uma contribuição infindável em Morin. Quando este diz que "há um filintismo dos *cultos* que tem origem na mesma estereotipia vulgar que os padrões desprezados da cultura de massa", está ponderando substancialmente esses dois elos e, com isso, nem sugerindo a aceitação irresponsável nem a repulsa *inteligentsista*. Se ressaltadas as culturas erudita e culta e tão-somente elas, faz-se com que se aproxime da própria vulgaridade sedenta de *standing* da sua irmã massiva justamente por seu caráter aristocrático fútil, ao mesmo tempo em que afasta contribuições valiosas de outras culturas como a popular, a folclórica, a urbana, etc.

Brigar com a esquerda e com a direita chega a ser divertido num ambiente globalizado em que não se sabe onde está o inimigo tal como se sabia (ou achava-se saber) quando dos anos de Guerra Fria. A verdade está longe de ser pega, e a moda trata tanto de tentar rastreá-la – mesmo que de longe – quanto de alardear os caminhos errados de sua procura até então. É fácil constatar que a moda leva às inorigens e à recorrência, com frisou Baudrillard, tanto quanto julgar que o punk é uma mera apologia ao mal e que sua indumentária é suja, feia e inadmissível. O que importa mesmo é que, nesta fase histórica da humanidade, quando imperam os fundamentalismos (cristão, pelos Estados Unidos; judeu e estatal, por parte de Israel; e islâmico, pelos radicais terroristas), ninguém sabe onde está a verdade – nem se ela existe. A política, as religiões, a arte, a academia, a ciência, enfim, toda a sociedade, atuante e responsável pelo rotor da história e, por consequência, do atual momento, está perdida e não sabe aonde chegar, ou para onde vai.

Pois a moda-punk indica o cumprimento das expectativas de um projeto poético que Roland Barthes julgou ser irrealizável na moda por conta de uma, para ele, fraqueza substancial por parte desta. Em seu célebre *O sistema da moda,* Barthes cunhou a ideia do *vestido sem fim,* uma estratégia metodológico-linguística que usou para representar todo o sistema paradigmático que a moda abarca. Por esse ponto de vista, o tal vestido seria uma representação de tudo o que se possa e se tenha escrito sobre a moda feminina, e, a partir disso, conceber uma imagem com todos esses elementos. Consequentemente, cria-se também um *texto sem fim.* A redução, os recortes, as adaptações, as recomposições, ou seja, as transformações e decomposições possíveis de serem efetuadas sobre esse vestido imaginário significariam, de modo geral, toda a noção de moda no instante em que são analisadas as "unidades significantes" depreendidas de sua estrutura.

Seria impossível não associar essa apreciação de Barthes à moda-punk, uma vez que o estilo parece ir ao encontro das expectativas do que o semiólogo descreve. Os punks fizeram de sua moda uma representação tão conceitual quanto, mais ainda, *prática* do que a concepção de vestido infinito significa. Os punks são verdadeiros croquis emocionais, pletora de estilos, ímãs gigantescos, patchworks de sentidos, totens vivos da sociedade, que Bollon diz: "Mesclam, na maior confusão, seus mais secretos sonhos e seus receios mais inconfessos, as tradições mais retrógradas bem como as antecipações mais ousadas, tudo isso sem separá-los nem ao menos articulá-los, pelo contrário, fundindo-os numa única imagem abrangente".

Barthes acreditava que, sempre que se adentra na retórica do vestuário, acaba-se caindo na banalidade e na fraqueza de informações, pois as metáforas e os desvios das frases recaem inevitavelmente em "estereótipos decalcados de uma tradição literária vulgarizada", como roupas "vaporosas, nebulosas ou preciosas". O oposto dessa retórica banal seria uma outra que se originaria de uma "qualidade *inventada* da matéria". Esse, sim, seria um discurso poético.

Dessa forma, a moda-punk, mais do que em qualquer estilo, revigora o lado artístico da moda. Pois se, como qualquer artista, o criador de moda inscreve-se dentro do mundo das formas ao resolver, tal qual um escultor ou pintor, problemas de equilíbrio de volumes, de linhas, de cores e de ritmos, ele, criador de moda, põe-se dentro da arte inevitavelmente – Westwood, Gaultier, Giácomo Lombardi e todos que da moda-punk se valem. Portanto, superam a frustração que Barthes credita à moda por achar que não constrói uma "psicanálise das substâncias" devido a não conseguir honrar o projeto poético que seu objeto lhe permite. A moda-punk, mais do que isso, situa-se num nível paradoxalmente superior e profundo, onde tanto se baseia na essência das coisas quanto, de pronto, cinicamente a suspende e a critica. Só a moda-punk, mesmo a levada às passarelas aleatoriamente, consegue juntar a rainha Elizabeth II a ícones pornográficos ou a cruz de ferro do Terceiro Reich com imitações da Ordem de Stalin e dar um sentido vivo, coeso e psíquico-sociológico a essas combinações.

O que Mautner intuía aos tempos pós-modernos (e com um semelhante humor cínico do punk) com a junção aleijada do *engano com a utopia marxista à derrocada da segregação radical názi*, estivera e está, ali exposto, na moda-punk. Ou seja, o punk e sua moda justificam qualquer psicanalismo ao embriagar a vida de suas mais variadas experiências. O punk e sua moda, com isso, quando descritos, superam os automatismos literários de uma possível retórica vulgar através de sua veia poética, inclusive por enfrentar a questão da conotação sem se preocupar em parecer superficial. Pelo contrário: a assumidade de poder ser tanto banal quanto culto e dar, por meio da indumentária e do estilo, uma mensagem de condenação e de personalidade faz a moda-punk honrar o tal projeto poético a que Barthes se referia. Se na primeira retórica veem-se metáforas simplórias como roupas *vaporosas, nebulosas* ou *preciosas,* na moda-punk o discurso dela proferido faz atingir inusitadas figuras de linguagem e estilo como *horripilantes, deslocados, bárbaros, depravados, decadentes* ou *dadaísta.* Pois as referências são as mais alternativas: dos filmes B, passando pelo alfabeto fetichista ou as HQs baratas até a suntuosidade vitoriana ou a elegância chique do minimalismo. Poeticamente, recorda a superficialidade grega a qual Nietzsche descreve em *A gaia ciência*: uma resolução da dialética que, substituída por essências a priori, dá-se numa espécie de desapego grandioso em relação às coisas – tal qual um Jean Paul Gaultier se vale para costurar poesia em roupa.

A própria dança dos punks, o pogo, com toda sua simbologia e peculiaridade, é uma manifestação estética enraizadamente significativa. "E o que é a dança senão fazer do próprio corpo um instrumento estético?", pergunta-se Gillo Dorfles. O homem, desde os tempos primitivos, sempre foi capaz de engendrar formas criativas como modo de "imprimir um ar formalmente diferenciado e diferenciante ao seu habitat", ressalta Dorfles. A esse habitat, o próprio corpo humano constitui-se como parte integrante, sendo que uma das primeiras formas de manifestar artisticamente a criatividade em tribos pré-históricas é a movimentação e a articulação ritmada, ou seja, a dança. Explica Dorfles que "a dança, como se sabe, nunca prescinde da criação de formas plásticas que se determinam na colaboração entre o corpo do dançarino e o seu modo de decorar-se".

Alma do artista. O que escapa a Barthes, através de seu método de estudo, é a fina, a sutil – mas radiosa – superfície em que o estilo (neste caso, mais ainda a moda-punk) se equilibra com graça e magia. Patrice Bollon salienta que, entre as duas "superficialidades", a comum e a profunda, basicamente não há diferença em essência. Da primeira, pode-se entender a tal superficialidade sem cor que Barthes encontrou na moda. Já a segunda é de uma graça tão subjetiva que chega a fugir do alcance da razão e das palavras – inclusive do método semiológico. Perfaz-se de algo místico que, segundo Bollon, se "sente", que vibra no espaço, que sugere uma nova causa, e que só se materializa através da aparência – que chega a cooptar a primeira a ponto de quase aboná-la. A primeira, dos punks de butique, da moda pela moda; a segunda, do Sex Pistols, de Travis Bickle, do New York Dolls, da Bromley Contingent, de Vivienne Westwood. E essa consciência da aparência vista na moda-punk é o que Nietzsche diz ser "o próprio eficiente e vivente, que vai tão longe em sua zombaria de si mesmo", a ponto fazê-lo sentir que "há aparência e fogo-fátuo e dança de espíritos e nada mais".

Arte.

BIBLIOGRAFIA

BARNARD, Malcolm. *Moda e comunicação*. Rio de Janeiro: Rocco, 2003.

BARTHES, Roland. *O sistema da moda*. São Paulo: Martins Fontes, 1981.

BAUDOT, François. *Moda do século*. São Paulo: Cosac & Naify, 2000.

BAUDRILLARD, Jean. *A troca simbólica e a morte*. Lisboa: Arte & Comunicação, 1976.

BIVAR, Antonio. *O que é punk – Coleção Primeiros Passos – 76*. São Paulo: Editora Brasiliense, 2001.

BOLLON, Patrice. *A moral da máscara: merveilleux, zazous, dândis, punks, etc.* Rio de Janeiro: Rocco, 1993.

ECO, Umberto. *A estrutura ausente*. São Paulo: Perspectiva, 2003.

ECO, Umberto; SIGURTÁ, Renato; LIVOLSI, Marino; ALBERTONI, Francesco; DORFLES, Gillo; LOMAZZI, Giorgio. *Psicologia do vestir*. Lisboa: Assírio & Alvim, 1989.

FERREIRA, Aurélio Buarque de Holanda. *Novo dicionário Aurélio da língua portuguesa*. Rio de Janeiro: Nova Fronteira, 1975.

FISCHER-MIRKIN, Toby. *O código do vestir*. Rio de Janeiro: Rocco, 2001.

GULLAR, Ferreira. *Argumentação contra a morte da arte*. Rio de Janeiro: Revan, 2000.

HONNEF, Klaus. *Andy Warhol – 1928-1987: a comercialização da arte*. Lisboa: Taschen, 1992.

KAFKA, Franz. *Um médico rural*. São Paulo: Companhia das Letras, 1999.

LIPOVETSKY, Gilles. *O império do efêmero – a moda e seu destino nas sociedades modernas*. São Paulo: Companhia das Letras, 2001.

MCNEIL, Legs; MCGAIN, Gilliam. *Mate-me, por favor – uma história sem censura do punk*. Porto Alegre: L&PM, 1997.

MORIN, Edgar. *Cultura de massas no século XX: o espírito do tempo I neurose*. Rio de Janeiro: Forense Universitária, 1987.

NETTO, J. Teixeira Coelho. *Semiótica, informação e comunicação.* São Paulo: Perspectiva, 2003.

NIETZSCHE, Friedrich. *Obras incompletas – Coleção Os Pensadores.* São Paulo: Nova Cultural, 2000.

O'HARA, Georgina. *Enciclopédia da moda – De 1840 à década de 80.* São Paulo: Companhia das Letras, 1992.

PICÓ, Josep. *Cultura y modernidad – seducciones y desengaños de la cultura moderna.* Madrid: Alianza Editorial, 1999.

ROUSSEAU, Jean-Jacques. *O contrato social e outros escritos.* São Paulo: Cultrix, 1999.

SEELING, Charlotte. *Moda – o século dos estilistas.* Lisboa: Könemann, 1999.

SILVA, Juremir Machado da. *O pensamento do fim do século.* Porto Alegre: L&PM, 1993.

STEELE, Valerie. *Fetiche, sexo & poder.* Rio de Janeiro: Rocco, 1997.

TAMBLINI, Michael. *O design do século.* Rio de Janeiro: Ática, 1997.

VELOSO, Caetano. *Verdade tropical.* São Paulo: Companhia das Letras, 2002.

VINCENT-RICARD, Françoise. *As espirais da moda.* Rio de Janeiro: Paz e Terra, 1989.

WAJMANN, Solange; ALMEIDA, Adilson José de (org). *Moda, comunicação e cultura: um olhar acadêmico.* São Paulo: Arte & Ciência, 2002.

WEFFORT, Francisco C. (org). *Os clássicos da política – Maquiavel, Hobbes, Locke, Montesquieu, Rousseau, "O Federalista" (Série Fundamentos).* São Paulo: Ática, 1995.

OUTRAS REFERÊNCIAS

JORNAIS

JORNAL DO COMÉRCIO. *Caderno Viver – Coluna Moda,* por Eduardo Bins Ely, pág. 10.

ZERO HORA. Caderno Cultura. "No domínio da estética, tudo é de todas". Entrevista com Alfons Hug por Eduardo Veras, pág. 5.

ZERO HORA. Revista ZH. *A história do punk,* por Marcelo Ferla, 7 de setembro de 1997, pág. 8 e 9.

ZERO HORA. Revista ZH. *Supermercados de imagens de sexo*, por Fran Sperb, 31 de agosto de 1997, pág. 7.

Periódicos

BIZZ. *Anarquia Reciclada*, por Hélio Gomes e Cláudia Grechi (colab.). São Paulo: Azul, ano 11, nº 4, edição 117, pág. 36-43.

BIZZ. Seção Compact Disc - *De volta ao mono*, por Celso Pucci. São Paulo: Azul, janeiro de 1992, ano 8, nº 1, edição 78, pág. 47.

BIZZ. Seção Discoteca Básica - *The Modern Lovers*, por José Augusto Lemos. São Paulo: Azul, ano 9, nº 10, edição 99, pág. 82.

REVISTA FAMECOS: Mídia, Cultura e Tecnologia - nº20. Faculdade de Comunicação Social, PUC/RS. Porto Alegre: EDIPUCRS, abril de 2003.

SHOWBIZZ. Seção Discoteca Básica - The Ronettes. *Lançamento perfeito*, por René Ferri. São Paulo: Abril, 1999, pág. 82.

SUPERINTERESSANTE. *Visto, logo existo*, por Mariana Kalil, São Paulo, edição 192, setembro de 2003, pág. 64.

VEJA. *A moda podre*, por Tárik de Souza, São Paulo, 28 de dezembro de 1977, pág. 69-72.

Suplementos especiais

ABIT – Associação Brasileira da Indústria Têxtil e de Confecção – Dados oficiais.

BIZZ. Encarte The Best of Bizz – *4 Décadas de rock'n'roll em 7 anos de jornalismo independente & cosmopolita / volume 2* – As Biografias. São Paulo: Abril, ediçao 85A, 1992, pág. 19-25.

BIZZ. Ficha catalográfica de bandas e artistas. *Ramones*, 1990.

CASSIO CALVETE. *"A redução da jornada de trabalho como solução do desemprego: o mito de Sisífo ou Prometeu?"*, Civitas – Revista de Ciências Sociais da PUC/RS. Porto Alegre – volume 3, número 2 – julho-dezembro de 2003.

INTERNATIONAL LABOUR ORGANIZATION (ILO) – 14th International Conference of Labour Statisticians – Consumer Price Indices, por Organisation for Economic Co-operation and Development (OECD), Washington D.C., Estados Unidos, outubro-novembro de 1987.

ROSANE TISKOSKI COELHO. *O Estilista e As Artes Plásticas no Século XX: A Linguagem Plástica Contemporânea.* Especialização do curso de pós-graduação

do Ceart – Centro de Artes da Udesc – Universidade do Estado de Santa Catarina. Florianópolis, 2000.
SHOWBIZZ. *Encarte especial Showbizz discoteca básica: 100 CDs que você precisa ter em sua coleção – volume 1*. São Paulo: Abril, 1998.

Internet

A HISTÓRIA da Vide Bula. Disponível em www.videbula.com.br.
A HISTÓRIA do Sex Pistols. Disponível em: http://orbita.starmedia.com/~sexpistolswillplay/sp%20letras.htm.
ALAN Moore – Senhor do Caos. *A história da revista de quadrinhos adultos mais importante do mundo/ The history of the most important adult-comics magazine in the world* (Artigo), por Joaquim Ghirotti. Disponível em: http://www.alanmooresenhordocaos.hpg.ig.com.br/artigos49.htm.
BOL Mulher – *John Galliano e Jean Paul Gaultier desfilam extravagância em Paris*, 30 de janeiro de 2003. Disponível em http://mulher.bol.com.br/moda/folha/2002/10/03.jhtm.
COLUNA do Dudu. Disponível em: www.barulhorecords.com.br/dudu.htm.
Disponível em: www2.uol.com.br/modaalmanaque/estilistas/estilistas_vivienne.htm.
ESTADÃO On-line. *Supla traz de volta sucesso da moda punk*, por Sandra Soares. 26 de dezembro de 2001. Disponível em http://www.estadao.com.br/divirtase/noticias/2001/dez/26/253.htm.
MODA Almanaque Uol. *Estilistas – Vivienne Westwood*, por Claudia Garcia.
PAULO SÉRGIO FRACALANZA. *Redução do tempo de trabalho: uma solução para o problema do desemprego?* Campinas: Instituto de Economia, 2001. Disponível em: http://www.tempolivre.org.br/resumotese.htm.
UM INVERNO de Todas as Tribos (*press-release*). Coleção outono-inverno 2003 Vide Bula. Disponível em: www.videbula.com.br.
VOGUE França. Disponível em: www.vogue.fr/mode/defiles/Versus-1092.htm
VOGUE Inglaterra. Disponível em: www.vogue.co.uk
YAHOO Brasil Notícias – Reuters. *Vide Bula coloca nariz de palhaço em George W. Bush*, por Thiane Loureiro. 30 de janeiro de 2003. Disponível em: http://br.news.yahoo.com/030130/16/adbd.html.
FOLHA On-line. *Walter Rodrigues encerra SPFW com monocromia e sofisticação*. Ilustrada – São Paulo Fashion Week 2003. 1º de fevereiro de 2003 http://www1.folha.uol.com.br/folha/ilustrada/ult90u30449.shtml

Discos

BERLIN, de *Lou Reed*. Estados Unidos: RCA, 1973. Produzido por Bob Ezrin.

BLANK GENARATION, de *Richard Hell & The Voidoids*. Estados Unidos: Sire/Warner, 1977, Produzido por Richard Gottherer e Richard Hell.

END OF THE CENTURY, de *Ramones*. Estados Unidos: Sire/Rhino, 1980. Produzido por Phil Spector.

EXTRA, de *Gilberto Gil*. Brasil: Warner, 1994. Produzido por Liminha.

FEAR OF MUSIC, de *Talking Heads*. Estados Unidos: Sire, 1979. Produzido por Brian Eno e Talking Heads.

HEROES, de *David Bowie*. Alemanha Ocidental: EMI, 1977. Produzido por David Bowie e Tony Visconti.

HORSES, de *Patti Smith*. Estados Unidos: Arista, 1975. Produzido por John Cale.

LULU, de *Lulu Santos*. Brasil: RCA, 1986. Produzido por Lulu Santos.

LUST FOR LIFE, de *Iggy Pop*. Alemanha Ocidental: Virgin, 1976. Produzido por Bewlay Brothers.

MAIS PODRES DO QUE NUNCA, de *Garotos Podres*. Brasil: Rocker, 1985. Sem crédito de produção.

MORE SONGS ABOUT BUILDINGS AND FOOD, de *Talking Heads*. Estados Unidos: Sire, 1978. Produzido por Brian Eno e Talking Heads.

NEVER MIND THE BOLLOCKS, HERE'S THE SEX PISTOLS, de *Sex Pistols*. Inglaterra: Virgin, 1977. Produzido por Chris Thomas.

NO MORE HEROES, de *The Stranglers*. Inglaterra: United Artists Records, 1977. Produzido por Martin Rushent.

O FUTURO É VORTEX, de *Os Replicantes*. Brasil: Plug/RCA, 1986. Produzido por Guti.

REMAIN IN LIGHT, de *Talking Heads*. Estados Unidos: Sire, 1980. Produzido por Brian Eno.

THE IDIOT, de *Iggy Pop*. Alemanha Ocidental: Virgin, 1977. Produzido por David Bowie.

THE MODERN LOVERS, de *The Modern Lovers*. Estados Unidos: Beserkley/Rhino, 1976. Produzido por John Cale e Kim Fowley.

THE STOOGES, de *The Stooges*. Estados Unidos: RCA/Elektra Records, 1969. Produzido por John Cale.

TRANSFORMER, de *Lou Reed*. Estados Unidos: RCA, 1972. Produzido por David Bowie e Mick Ronson.

David Bowie.
THE MODERN LOVERS, de *The Modern Lovers*. Estados Unidos: Beserkley/Rhino, 1976. Produzido por John Cale e Kim Fowley.
THE STOOGES, de *The Stooges*. Estados Unidos: RCA/Elektra Records, 1969. Produzido por John Cale.
TRANSFORMER, de *Lou Reed*. Estados Unidos: RCA, 1972. Produzido por David Bowie e Mick Ronson.
VELVET UNDERGROUND & NICO PRODUCED BY ANDY WARHOL, de *Velvet Underground & Nico*. Estados Unidos: Verve/MGM, 1967. Produzido por Andy Warhol e Tom Wilson.
YOUNG LOUD & SNOTTY, de *The Dead Boys*. Estados Unidos: Sire, 1977. Produzido por Genya Raven.

AUDIOVISUAL

DANCING IN THE STREET – NO FUN. (Documentário). Inglaterra, 1996. Produzido e dirigido por Hugh Thomson. BBC London.
TAXI DRIVER. Dirigido por Martin Scorsese. Estados Unidos, 1976. Columbia Pictures Corporation / Italo/Judeo Productions / Bill/Phillips.
NATIONAL LAMPOON'S ANIMAL HOUSE. Dirigido por John Landis. Estados Unidos, 1978. Universal Pictures.
SID & NANCY. Dirigido por Alex Cox. Estados Unidos, 1986. Zenith Production /Initial Pictures.
THE GREAT ROCK' N' ROLL SWINDLE. Dirigido por Julien Temple. Inglaterra, 1980. Warner Brothers.
DE FRENTE COM GABI. Entrevista com Carlos Miele. SBT. Brasil, agosto de 2003.
THE FILTH AND THE FURY. Dirigido por Julien Temple. Inglaterra, 2000. New Line Home Entertainment.
PUNKS EM PORTO ALEGRE (Reportagem), Cinejornalismo – FAMECOS/Pucrs. Brasil, 2002/1

Dedicatória

Aos eternos amores:
Iara, Clayton, Karine e Luna.
Eterno amor.

Agradecimentos

A Francisco Menezes, Eliana Antonini, Stella Pelissari, Eduardo Bins Ely, Renata Taffarel, Cássio Calvete, Eduardo Wolff, Nilton Santolin, Patrícia Pontalti e Valéria Luna.

Em especial a Carlos Gerbase e Juremir Machado da Silva pela referência crítica e incentivo ao aprimoramento desta pesquisa; Reinaldo Polito pela "lusitana" e indispensável colaboração; Laura Creswell e Sandra Wilson (Washington D.C.) pelos preciosos dados; Martha e Evane Becker pelo eterno apoio e parceria; Leocádia Costa pelo amor e a dedicação; e a meu primo Lúcio Agacê, que, em meados dos anos 80, me apresentou ao universo punk simplesmente porque era disso que gostava.

Aos criadores de moda.

Aos inspirados músicos e artistas que inventaram o punk.

Outras publicações da Dublinense

ROMANCE

Aventuras de Tomé Pires · *Norma Ramos*

Se eu olhar pra trás · *Ademir Furtado*

Desvãos · *Susana Vernieri*

CONTO

No inferno é sempre assim e outras histórias longe do céu · *Daniela Langer*

Daimon junto à porta · *Nelson Rego*

Delicadamente feio · *Ricardo Silveira*

O homem despedaçado · *Gustavo Melo Czekster*

Ciranda negra · *Eni Allgayer*

A vida é breve e passa ao lado · *Henrique Schneider*

Notas sobre o abismo · *Rosario Nascimento e Silva*

Em que coincidentemente se reincide · *Leila de Souza Teixeira*

Antes que os espelhos se tornem opacos · *Juarez Guedes Cruz*

CRÔNICA

Peregrina de araque · *Mariana Kalil*

Nas coxias do poder · *Ricardo Giuliani Neto*

Conheça também nossos ebooks.

Para consultar nosso catálogo completo e obter mais informações sobre os títulos, acesse www.dublinense.com.br.

dublinense

Este livro foi composto em fontes Arno Pro e Punk'snotdead e impresso na gráfica Pallotti, em papel pólen bold 70g, em julho de 2012.